JN048485

BENTO SANDWICHES
お弁当サンド
若山曜子

はじめに

サンドイッチは自由自在な料理。
そう思ったきっかけは、小学生のときに出会ったハムのサンドイッチでした。
ドイツから帰国した同級生のお弁当のサンドイッチは、食パンでハムをはさんだシンプルなものでしたが、食パンよりもハムの方が分厚かったのです！

今にして思えば、ドイツはハムとソーセージの国。でもその頃の日本の田舎で売られていたのは、薄切りのパックのハムだけ。友人のお母さまが苦心して作られたのか、そのサンドイッチは、幾重にも重ねられたハムが、食パンにはさまれていました。

おしゃべりをしながら、私の目が釘付けだったのでしょう。友達が分けてくれた1切れは、材料はいつもと同じハム、パンなのに、バランスが変わったことで、特別においしく感じました。

そう、サンドイッチは、中にはさむ具もパンも自由自在。
家にあるものを思うままにはさんでポイッと食べてもいいし、何層にも重なる味と食感のハーモニーを計算して、口に入るときのおいしさを追求することもできる。

今回、本を作ることになり、ワクワクしながらも、逆にサンドイッチの自由さゆえに、むずかしい部分もありました。
中に入れる具材、パンに塗るバターやペースト、そしてパン。3つの構成要素のバランスと、できたてはもちろん、時間がたってもおいしく食べられることを重視しました。そして、それこそがサンドイッチの持つ魅力だと思うのです。

この本では、シンプルに味の組み合わせを楽しむ簡単な特急サンドから、ひとつ食べればワンプレートに匹敵する大満足のボリュームサンド、いつもとちょっと組み合わせが違うだけで異国を感じるサンドイッチ、デザートのように甘くてきれいなサンドイッチなどなど、欲張りにレシピを詰め込みました。

サンドするという「ひと手間」をかけるからでしょうか。パンにはさむだけで、パンも具材もぐんとおいしくなる。
サンドイッチは自由で便利で楽しいお料理なのです。

若山曜子

CONTENTS

PART2 

3分から作れる

超特急サンド

QUICK SANDWICHES

PART3 

旅気分を味わう

世界の絶品サンド

WORLD SANDWICHES

PART4 

作りおき具材で
野菜たっぷりサンド
VEGETABLE SANDWICHES

PART5 

ボリューム満点
肉&魚介の ジューシーサンド
MEAT & SEAFOOD SANDWICHES

PART6 

締めにうれしい
スイーツサンド

SWEET SANDWICHES

【この本のルール】

- 小さじ1は5㎖、大さじ1は15㎖、1カップは200㎖です。ひとつまみは、親指、人さし指、中指の3本の指先でつまんだ量です。
- 加熱調理の火加減はガスコンロ使用を基準にしています。IH調理器などの場合は、調理器具の表示を参考にしてください。
- 電子レンジは600Wのものを基準にしています。500Wなら1.2倍、700Wなら0.9倍の時間で加熱してください。
- 塩は天然の塩、オリーブ油はエキストラバージンオイルを使っています。
- バターは特に表記していない場合は、有塩バターを使用しています。
- 野菜や果物は、特に表記していない場合は、皮をむき、筋を取ったり種を除いたりしています。
- 自家製の調味料や、保存できる料理を保存する容器は、よく洗って完全に乾かし、清潔にしてから使ってください。
- それぞれのサンドイッチのレシピに、パンの種類、具が明記してあります。具は下からパンに重ねる順番で記載しています。

サンドイッチはお弁当にぴったりです

作りたてでも、少し時間が経ってもおいしく食べることができる。それがサンドイッチの一番の魅力。家族の食事のタイミングがずれることも多い昨今、サンドイッチなら、朝食やランチで、気軽に手作りの味を楽しめます。もちろん持ち寄りパーティにもおすすめ。幅広く「お弁当」使いができる心強い存在なのです。

大失敗がない

おいしい市販のパンと身近な食材を使えば、「あちゃ……」とがっくり肩を落とすような仕上がりになることはありません。ほとんどのレシピは、むずかしいテクニック不要。パンや具材の組み合わせ次第で何通りもの味のバリエーションになります。

火を使わずに作れる

慌ただしい日でも、パンに具材を「切ってはさむ」「混ぜてはさむ」といった、火を使わないレシピならささっと作ることができます。もし余裕がある日だったら、少し手をかけることで各段においしくなるレシピにぜひトライしてみてください。

切っても切らなくてもOK

気軽につまめるよう、半分や4等分に切ってもよし。パンに具をはさみ、そのまま頬張ってもよし。ボリューム感や食べる場面、見映えも考えて、切ったり切らなかったり。味わいにワクワク感をプラスするおもしろさも。

コンパクトに持ち運べる

お弁当箱に入れると中身が潰れないよさはありますが、ずっと持ち歩くにはバッグの中で邪魔になることも。でもラップやワックスペーパーなどで包めば荷物がかさばらず、食べたあとはさらに身軽になります。

食べる人の数や場所、好み、あるいは今、冷蔵庫にある材料を使って……などなど。多様なシチュエーションに合わせて、楽しめるサンドイッチ。この本では、そんな食べたいときにすぐに作れるものをまとめて紹介しています。ちょっと自慢できる組み合わせは、毎日の生活をより豊かにしてくれるはずです。

私のサンドイッチルール

最初に、サンドイッチ作りで心がけていることをご紹介します。
ポイントを知っておくと、準備から完成までスムーズに進み、
できたてでも少し時間をおいても、おいしく食べられます。

1.
パンの基本は食パンとバゲット

本書では手に入りやすく、さまざまな素材を受け止めてくれる、食パンとバゲットを主に使用。食パンは角食パン以外に山形食パン（イギリスパン）も使っています。具材や味つけと合うかを考えながら選び、食パンは厚みで味わいが変わるためカット枚数も吟味しました。中にはピタパンやホットドッグ用などを使っているものもありますが、それも具材との相性を大切にしたいからです。

2.

サラダを添える感覚で野菜を入れる

ときには1〜2切れで1食になるサンドイッチ。だから、メイン料理と副菜が完結していたらうれしいですよね。限られたスペースにあれこれ入れるのはむずかしいけれど、野菜は1種類でも食感と風味に奥行きが出て、栄養価が高まるのもいいところ。野菜が少ないかな?と感じたら、ピクルスなどを別に添えても。

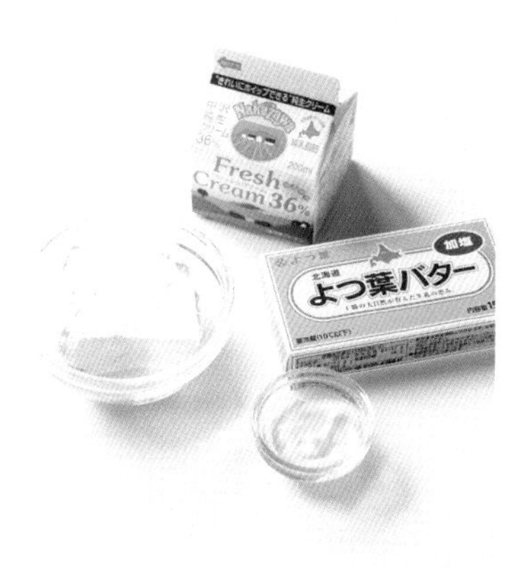

3.

バター、マヨネーズ、クリームチーズ、生クリームなどで水分をシャットアウト

パンが具材の水けを吸ってべちゃっとなっちゃった……。そんな残念なことがないように、はさむ面にバターやマヨネーズなどの油脂素材を塗ってコーティング。水分がしみ込むのを防ぎます。具材を油やマヨネーズ、生クリームなどの油脂素材であえたり、油脂素材で調理したりしたものは、そのままパンにはさんでも。

4.

野菜は水けをしっかり拭く

パンはもちろん、具材の鮮度とおいしさをキープするために水けを控えるのは大前提。野菜たっぷりにも惹かれますが、調味料によっては水分が想像以上に出やすくなることも。そこで下準備として、水けはペーパータオルなどでしっかり拭き取ります。トマトは種の部分に水分を多く含むので、生で使う場合は除くのがベターです。

5.

具が安定する材料をプラス

具がずれたり落ちたりしにくく食べやすくするため、パンと具材、具と具をくっつける材料は大切。マヨネーズやホイップクリームなどのほか、チーズも重宝します。また、ゆで卵やすりごま、ドライフルーツといった、水けを適度に吸う食材を加えるのもおすすめ。一体感を生みながら風味が増すところも気に入っています。

基本の手順

パン＋油分＋具材。そんなシンプルな構成も、
サンドイッチの魅力。基本のステップを踏まえていれば、
さまざまなアレンジが楽しめます。

1.

パンに油分を塗る

風味づけと水けの吸収を防ぐため、パンの表面にバターなどの油分を塗る。バターは室温に戻すと塗りやすい。パンは先にトースターで焼いてカリッとさせても。

2.

具をのせる

具は平らなものから、できるだけパンの上に収まるように重ねる。均等にのせると、切りやすく食べやすく、中央にこんもりと盛るとボリュームのあるサンドイッチになる。

3.

パンではさむ

のせた具がくずれないよう、もう1枚のパンをのせてはさむ。最後に、手でそっと押して落ち着かせる。切り方や耳を落とすかどうかはお好みで。

切りにくい具材や具だくさんサンドを切るコツ

ずれたりくずれたりする心配があるサンドイッチに、
試してほしい切り方です。ナイフは切るたびに
ぬらしたペーパータオルで拭くのも、きれいに切るポイント。

つまようじや竹串を刺す

切る線をはさむように、2～4カ所に刺す。刺すものが下のパンに届く、薄めのサンドイッチ向き。

→

手で押さえてラップで包む

具だくさんサンドは、上から手でそっと押さえてなじませ、ラップで包んでから切る。クリーム系は軽く重しをし、冷蔵室に入れて落ち着かせると切りやすい。

おいしそうな断面を作る

思わず目を引く愛らしさや華やかさは、
食欲を刺激して「おいしそう！」につながります。
切ったときの断面を意識して具をのせ、
ラップで包んで具を落ち着かせるときに、
油性ペンでラップに切る位置を書いておきましょう。

→

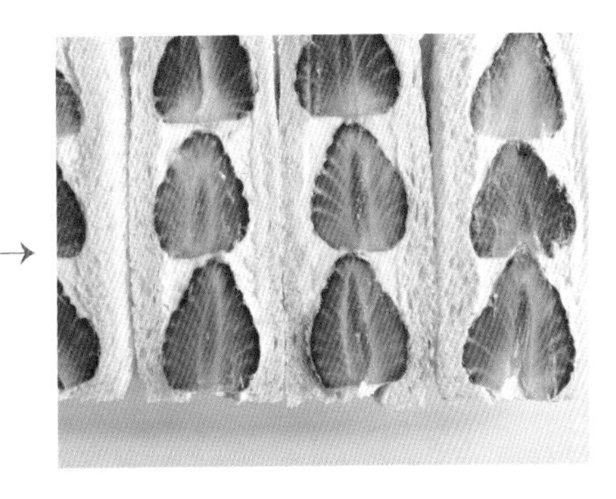

具を縦に並べ、具の中央を断ち切るようにする

縦半分に切りたい場合、中央に縦に具を一直線に並べて切る。向きがあるものは揃える。

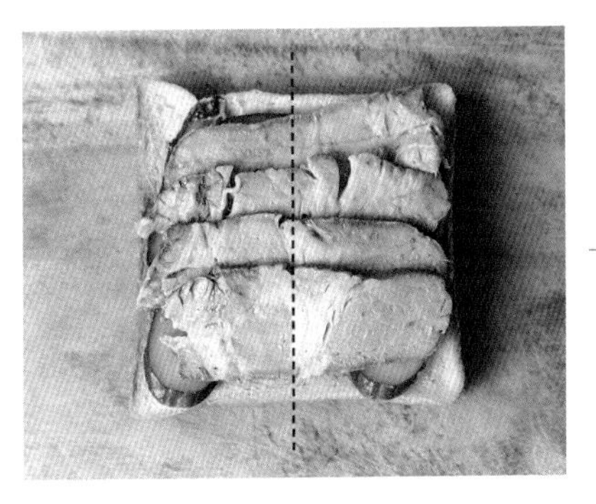

→

具を少しずつ重ねて横長に並べ、具の中央を断ち切るようにする

薄めの具は、重ねたり折りたたんだりしてボリュームを出し、縦に切ると食べやすい。

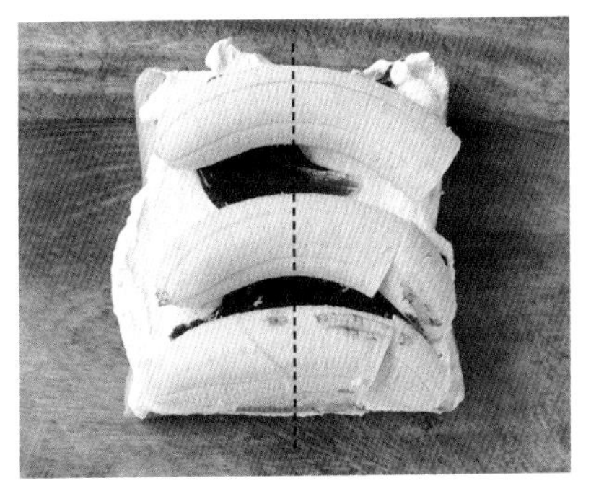

→

具を横長に並べ、具の中央を断ち切るようにする

野菜や果物の長さを生かしたい場合は、まずパンの幅と同じ長さに切り、横長に並べて縦に切る。

食べやすい切り方バリエーション

具の種類や量、容器、シチュエーションに合わせてカット。耳は残すと食べごたえがあり、切り落とせば口当たりがやさしくなります。

A: 長方形

耳と平行に縦、または横半分に切る。パンの比較的広い面で具をはさみ、持ちやすさもあるので、ボリュームがあるサンドイッチに向く。

→

B: 三角形

角を結ぶ対角線で、斜めに切る。長方形よりスマートな印象になり、立てると見映えも。鋭角になるため、こぼれたりずれたりしにくい具に向く。

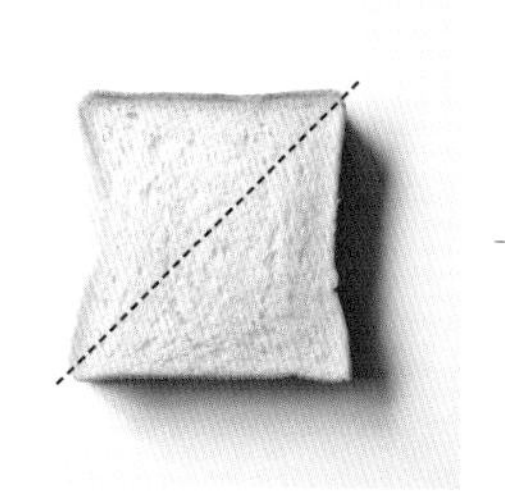

→

C: 小さな四角形

Aをさらに半分に切り、4切れに。指先でつまめて、気軽にも品よくいただきたいシーンにもぴったり。具の密着度が高めのサンドに向く。

→

D: 小さな三角形

Bをさらに半分に切り、4切れに。Cと同じく軽くつまめるサイズながら、角がシャープで、より口に運びやすい。具が少なめのサンドに向く。

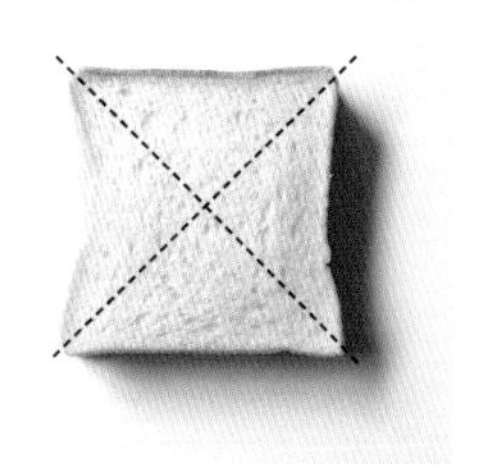

→

E: 台形

角を残しながら、斜め半分に切る。具だくさんでも薄めのサンドでも。立てられる厚みなら、互い違いに盛りつけるとボリュームが出る。

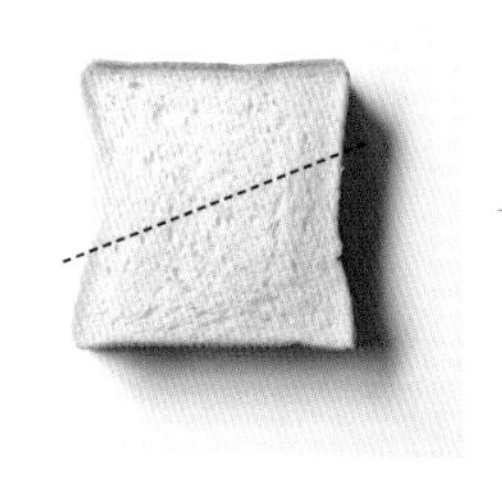

→

PART 1

みんな大好き

卵サンド

EGG SANDWICHES

いつでもどこでも手に入り、価格が安定している卵は、
サンドイッチの定番食材。
卵焼きにしたり、ゆで卵を潰してディップにしたり、
オムレツにしたりと、味も形も自由自在。
合わせる具材や、調味料にひと工夫することで、
いつもの卵サンドがさらにおいしくなります。

だし巻き卵サンド

パンの種類
・食パン
具
・だし巻き卵
・きゅうり

だし汁をたっぷりと使い、
ふんわりしっとり焼き上げた、だし巻き卵。
パリパリの薄切りきゅうりや、
ピリッと和がらしをアクセントに。

材 料（2人分）

食パン（5〜6枚切り）… 2枚
だし巻き卵
卵 … 3個
だし汁 … 70mℓ
A 薄口しょうゆ … 小さじ1
みりん … 小さじ1
片栗粉 … 小さじ½
塩 … 少々
サラダ油 … 適量
きゅうりの斜め薄切り … ⅓本
B マヨネーズ … 大さじ1
練りがらし … 小さじ1

◎かつお昆布だし

材 料（作りやすい分量）

昆布（5×8cmのもの）… 1枚
削りがつお … 7g
水 … 500mℓ

作り方

1 昆布を分量の水につけて冷蔵室に一晩おく。
2 1を鍋に入れて、昆布を取り出し、中火にかける。ふつふつとしたら火を止め、削りがつおを加える。削りがつおが鍋底に沈んだら、ざるなどで濾す。

＊保存容器に入れ、冷蔵で約3日保存可能。

作り方

1 だし巻き卵を作る。ボウルに卵を割り入れ、白身を切るように菜箸でしっかり混ぜる。だし汁、Aを加えてよく混ぜる。

1

2 卵焼き器にサラダ油少々を中火で熱し、1の⅓量を流し入れて広げる。半熟になったら奥から手前にくるくる巻き、奥に寄せる。あいたところにペーパータオルで薄く油をひき、同量の卵液を流し入れる。巻いた卵を少し持ち上げて卵液を下に流し入れ、奥から手前に巻き、再び奥に寄せる。同様にあと1回繰り返し、バットに取り出して冷ます。

2

3 Bを混ぜ、パンの片面に塗る。パン1枚にきゅうりを少しずつ重ねてのせ、だし巻き卵をのせ、残りのパンではさむ。

3

＊だし汁はかつお昆布だし（右記参照）でも、削りがつお小1パックに熱湯100mℓを注いで濾したものでもよい。
＊切る場合はラップで包み、ラップごと切るとよい。
＊きゅうりを横長に置いて縦に切ると、写真のような断面になる。

パンの種類
- 食パン

具
- スクランブルエッグ
- ハーブ
- サワークリーム

ハーブスクランブルエッグサンド

ふわとろエッグサンドは、適度なかたさと
軽い酸味が特徴のサワークリームがポイント。
香りと色を生かしたいハーブはサワークリームの上に散らして。

材料（2人分）

食パン（8枚切り）… 4枚
スクランブルエッグ
- 卵 … 4個
- 牛乳 … 90mℓ
- 塩 … 小さじ¼
- こしょう … 少々
- バター … 大さじ1½

A サワークリーム … 50g
　塩 … ひとつまみ

好みのハーブのみじん切り
（セルフィーユ、ディルなど）… 大さじ2〜3
バター（室温に戻したもの）… 少々

作り方

1. スクランブルエッグを作る。ボウルに卵を割り入れ、牛乳、塩、こしょうを加えて白身を切るように菜箸でしっかり混ぜる。
2. フライパンにバターを入れて中火で溶かし、バターが全部溶けたら、1を一気に流し入れる。菜箸で大きく混ぜ、半熟になったらバットに取り出して冷ます。
3. Aを混ぜ、パン2枚の片面に塗り、ハーブを散らす。スクランブルエッグをのせ、残りのパンの片面に薄くバターを塗り、はさむ。

＊切る場合はラップで包み、ラップごと切るとよい。

パンの種類

・食パン

具

・スクランブルエッグ
・マッシュルームソテー

マッシュルームのスクランブルエッグサンド

たっぷりのバターで炒めた
マッシュルームは、旨味が濃厚。
スクランブルエッグを重ねて
一層リッチな味わいに。

材料（2人分）

食パン（8枚切り）… 4枚

スクランブルエッグ

- 卵 … 4個
- 牛乳 … 90mℓ
- 塩 … 小さじ1/3
- こしょう … 少々
- バター … 大さじ1 1/2

マッシュルームソテー

- マッシュルームの薄切り … 18個分（200g）
- バター … 大さじ1
- 塩、こしょう … 各少々

A マスタード … 小さじ1
　バター（室温に戻したもの）… 大さじ1

作り方

1. スクランブルエッグを作る。ボウルに卵を割り入れ、牛乳、塩、こしょうを加えて白身を切るように菜箸でしっかり混ぜる。
2. フライパンにバターを入れて中火で溶かし、バターが全部溶けたら1を一気に流し入れる。菜箸で大きく混ぜ、半熟になったらバットに取り出して冷ます。
3. マッシュルームソテーを作る。フライパンをきれいにし、バターを中火で溶かし、マッシュルームを炒める。塩、こしょうで調味する。
4. Aを混ぜ、パンの片面に塗る。パン2枚に2、3をのせ、残りのパンではさむ。

＊切る場合はラップで包み、ラップごと切るとよい。

パンの種類
・バゲット

具
・香菜
・揚げ卵
・レタス炒め

揚げ卵と
レタスのサンド

タイ料理ではポピュラーな揚げ卵に、レタスを合わせました。
レタスもエスニックっぽさを意識して、食感を残しながら、くたっとする炒め加減で。

材料（2人分）

バゲット … 40cm
卵 … 2個
レタス … 4〜5枚
ごま油 … 大さじ1
A オイスターソース … 大さじ1
　豆板醤 … 小さじ¼
B マスタード … 小さじ2
　バター（室温に戻したもの）… 小さじ1
香菜のざく切り … 適量

作り方

1. フライパンにごま油を入れて中火で熱し、卵を割り入れる。白身の色が変わったら、黄身を覆うように白身を折りたたむ。両面こんがりと揚げ焼きにし、取り出して油をきる。
2. 同じフライパンにレタスを入れてさっと炒める。しんなりしたらAを加えてさっと混ぜ、すぐ火を止めてバットに取り出し、汁をきる。
3. バゲットは長さを半分に切り、側面から包丁を入れて厚みに切り目を入れる。Bを混ぜてバゲットの切り口に塗り、2、1、香菜を順にのせてはさむ。

＊フライパンに残ったレタスから出た水分を煮詰め、ソースのようにかけてもおいしい。

1

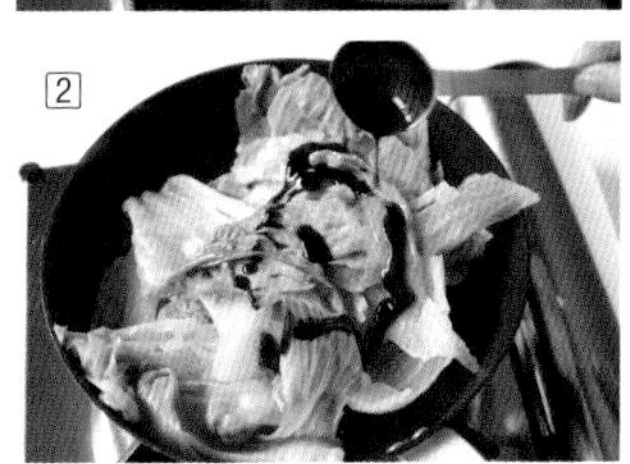
2

パンの種類

・食パン

具

・ゆで卵、ミニトマト、自家製マヨネーズを混ぜたもの

ゆで卵だけのサンドでも、
手作りマヨネーズを使うと軽やかで
格別な味わい。ミニトマトを加えれば、
時間がたってもしっとり。
甘酸っぱさもポイントです。

自家製マヨの卵サンド

材料（2人分）

食パン（8枚切り）… 4枚
ゆで卵（好みのかたさにゆでたもの）… 3個
ミニトマト … 2個
自家製マヨネーズ（下記参照）… 大さじ2〜3
塩、こしょう … 各少々

作り方

1 ミニトマトは皮に切り目を入れ、熱湯にさっと通して、皮を除き、粗みじん切りにする。

2 ゆで卵は白身と黄身に分け、白身は粗みじん切りにしてボウルに入れ、マヨネーズ、1、塩、こしょうを加えてあえる。黄身を粗く刻んで加え、ざっと混ぜる。

3 パン2枚に2をのせて広げ、残りのパンではさむ。

＊切る場合はラップで包んで軽く重しをし、冷蔵室に約15分おいて具を落ち着かせてから、ラップごと切るとよい。

◎自家製マヨネーズ

材料（作りやすい分量）

卵黄（室温に戻したもの）… 1個分
白ワインビネガー（または酢）… 大さじ½
マスタード … 小さじ1
塩 … 小さじ⅔
太白ごま油（または好みの香りのない油）… 150mℓ

作り方

深さのあるボウルに、卵黄、白ワインビネガー、マスタード、塩を入れてハンドミキサーでしっかり攪拌する。なめらかになったら、ごま油を数回に分けて少しずつ加え、その都度もったりとクリーム状になるまで攪拌する。

＊保存容器に入れ、冷蔵で約10日保存可能。

豆腐マヨのシンプル卵サンド

豆腐で作るマヨネーズとゆで卵を混ぜ、
あっさり味でヘルシーな白あえ風に。
残ったマヨは、ゆで野菜のディップに。

材料（2人分）

食パン（8枚切り）… 4枚
ゆで卵（好みのかたさにゆでたもの）… 4個
豆腐マヨネーズ（右記参照）… 大さじ4

作り方

1 ゆで卵は白身と黄身に分け、白身は粗みじん切りにしてボウルに入れ、豆腐マヨネーズを加えてあえる。黄身を粗く刻んで加え、ざっと混ぜる。

2 パン2枚に1をのせて広げ、残りのパンではさむ。

＊切る場合はラップで包んで軽く重しをし、冷蔵室に約15分おいて具を落ち着かせてから、ラップごと切るとよい。

◎豆腐マヨネーズ

材料（作りやすい分量）

もめん豆腐（水切りしたもの）… 100g
オリーブ油 … 大さじ1
マスタード … 小さじ1
塩 … 小さじ½

作り方

すべての材料をボウルに入れ、なめらかになるまで泡立て器でよく混ぜる。

＊もめん豆腐の水切りは、ペーパータオルで豆腐を包んで重しをし、30分以上おく。

豆腐マヨの ツナオリーブサンド

パンの種類

・食パン

具

・ゆで卵、黒オリーブ、ツナ、豆腐マヨネーズを混ぜたもの

左ページの具に、
ツナと黒オリーブをプラス。
手間なく旨味とコクが出せて、
味わいにより深みを。

材料（2人分）

食パン（8枚切り）… 4枚
ゆで卵（好みのかたさにゆでたもの）… 2個
豆腐マヨネーズ（P.24参照）… 大さじ2
黒オリーブ（種抜き）… 12個
ツナ缶 … 小1缶（70g）

作り方

1. オリーブは粗みじん切りにする。ゆで卵は白身と黄身に分け、白身は粗みじん切りにし、黄身は粗く刻む。ツナは缶汁をきる。
2. オリーブ、卵の白身、ツナをボウルに入れ、豆腐マヨネーズを加えてあえる。黄身を加えてざっと混ぜる。
3. パン2枚に2をのせて広げ、残りのパンではさむ。

＊切る場合はラップで包んで軽く重しをし、冷蔵室に約15分おいて具を落ち着かせてから、ラップごと切るとよい。

パンの種類
・食パン
具
・からしマヨネーズ
・オムレツ
・ケチャップソース

オムレツサンド

オムレツは蒸し焼きでふっくら仕上げ、パンになじむよう温かいうちにサンド。ケチャップとソースが絶妙なもり立て役に。

材料（2人分）

食パン（5〜6枚切り）… 2枚

オムレツ
- 卵 … 4個
- 牛乳 … 100mℓ
- 塩 … 小さじ¼
- こしょう … 少々
- バター … 大さじ1

A 練りがらし … 小さじ1
　マヨネーズ … 大さじ½

B トマトケチャップ … 大さじ½
　ウスターソース … 小さじ½

作り方

1 オムレツを作る。ボウルに卵を割り入れ、牛乳、塩、こしょうを加えて白身を切るように菜箸で混ぜる。

2 フライパンにバターを入れて中火で溶かし、1を一気に流し入れる。菜箸で大きく混ぜ、半熟になったらふたをして火を止め、約1分蒸らす。

3 ふたをはずして、縁4カ所を内側に折りたたみ、食パンよりひと回り小さい正方形にする。

4 A、Bをそれぞれ混ぜ、パン1枚の片面にA、もう1枚の片面にBを塗る。3が温かいうちにパンにのせてはさむ。

*切る場合はラップで包んで軽く重しをし、室温に約10分おいて具を落ち着かせてから、ラップごと切るとよい。

3

PART 2

3分から作れる

超特急サンド

QUICK SANDWICHES

時間に追われている日のお助けサンド。
焼くものも少々あるけれど、「切ってはさむ」「混ぜてはさむ」の
極力手間を省いた作り方がほとんどで、完成までがスピーディ。
味のコントラストを楽しんでほしいサンドイッチです。

パンの種類
・食パン
具
・レタス
・蒸し大豆、ツナ、紫玉ねぎを混ぜたもの
パンの種類
・食パン
具
・キャベツ
・コンビーフと玉ねぎの炒めもの

ツナと大豆のサンド

旨味のあるツナと蒸し大豆に、
紫玉ねぎを加え、サラダっぽく仕立てて。
大豆は粗く潰し、パンになじませます。

材料（2人分）

食パン（8枚切り）… 4枚
蒸し大豆（市販、水煮も可）… 100g
ツナ缶 … 小1缶（70g）
紫玉ねぎのみじん切り … ¼個分
塩 … 少々
酢 … 少々
レタス … 2～3枚
A パセリのみじん切り … 小さじ1
　マヨネーズ … 大さじ2½
　レモン汁 … 小さじ1
　塩、こしょう … 各少々

作り方

1 紫玉ねぎは塩をふり、酢を加えて混ぜる。レタスは氷水につけてパリッとさせ、ペーパータオルで水けを拭き、食べやすくちぎる。

2 大豆は汁をきってボウルに入れ、フォークなどで粗く潰す。ツナの缶汁をきって加え、A、1の紫玉ねぎを加えてあえる。

3 パン2枚に2をのせて広げ、レタスものせて残りのパンではさむ。

＊切る場合はラップで包んで軽く重しをし、冷蔵室に約15分おいて具を落ち着かせてから、ラップごと切るとよい。

キャベツとコンビーフのサンド

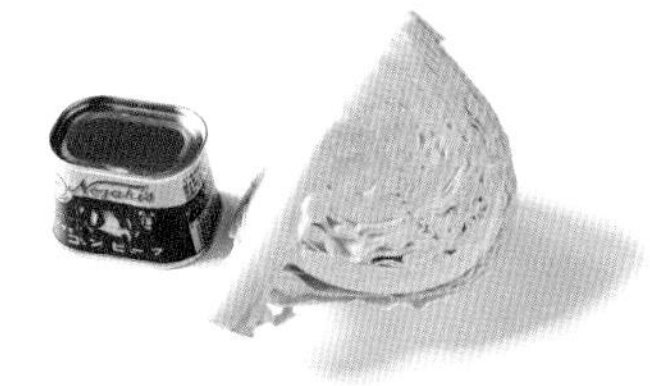

コンビーフは玉ねぎと炒め、
ナツメグで風味づけ。コンビーフの旨味を保ちながら
たっぷりのキャベツで塩味を和らげました。

材料（2人分）

食パン（8枚切り）… 4枚
キャベツのせん切り … 150g
塩 … 少々
ドレッシング
　オリーブ油 … 小さじ2
　白ワインビネガー … 小さじ1
　粒マスタード … 小さじ½
コンビーフ … 100g
玉ねぎのみじん切り … 50g
オリーブ油 … 小さじ1
こしょう、ナツメグ … 各少々
バター（室温に戻したもの）… 大さじ1

作り方

1 キャベツはボウルに入れて塩をふってもみ、水けを絞る。ドレッシングの材料を混ぜて加え、あえる。

2 フライパンにオリーブ油を入れて中火にかけ、玉ねぎとコンビーフを炒める。玉ねぎが透きとおってきたら、こしょう、ナツメグを加えて混ぜ、バットに取り出して粗熱を取る。

3 パンはトースターで焼き、片面に薄くバターを塗る。パン2枚に2、1の順にのせて広げ、残りのパンではさむ。

＊切る場合はラップで包み、ラップごと切るとよい。

アボカドのまったり感を、明太ヨーグルトソースで引き締めてさっぱりあと味に。海苔で風味もアップ。

明太アボカドサンド

材料（2人分）

食パン（8枚切り）… 4枚
アボカド … 大1個（180g）
からし明太子 … ½腹（30g）
水切りヨーグルト … 50mℓ
焼き海苔 … 2枚
A バター（室温に戻したもの）… 大さじ1½
　練りがらし … 小さじ⅔

＊水切りヨーグルトは、ざるにペーパータオルをしき、プレーンヨーグルト100mℓを入れて、約30分水切りしたもの。または市販のギリシャヨーグルトを使っても。

作り方

1 アボカドは1.5㎝角に切る。海苔は半分に切る。

2 明太子は身をしごき出して薄皮を除き、ヨーグルトを加えて混ぜる。

3 Aを混ぜて、パンの片面に塗る。2枚に2をのせて広げ、1のアボカドと海苔をのせて残りのパンではさむ。

＊切る場合はラップで包み、ラップごと切るとよい。

材料（2人分）

バゲット … 40cm
ロースハム（または生ハム）… 4〜6枚
バター（無塩）… 大さじ4〜5（50〜60g）

作り方

バターは4等分に切る。バゲットは長さを半分に切り、側面から包丁を入れて厚みを半分に切る。断面にバターをのせ、ハムものせてはさむ。

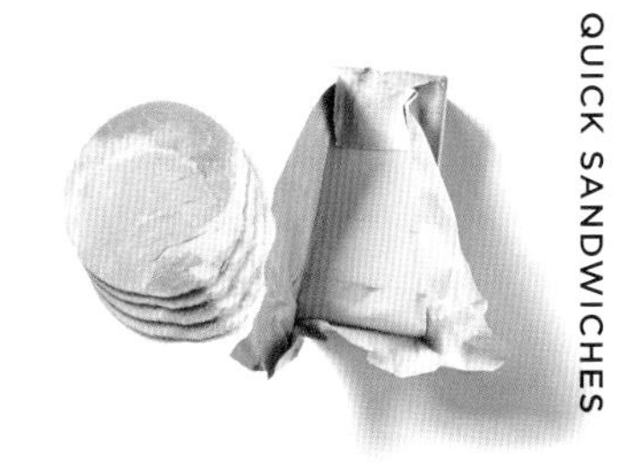

カスクルート

パンの種類
・バゲット

具
・ロースハム
・バター

バゲットで作るサンドイッチを
フランスではこう呼びます。
無塩バターはとにかく厚めにたっぷりと。
塩けはハムとバゲットにおまかせ。
シンプルながら、噛むほどにおいしい組み合わせ。

材料（2人分）

バゲット … 40cm
プルーン（種抜き）… 2個
ベーコン … 2〜3枚
バター（無塩）
　… 大さじ2〜3（25〜35g）
黒こしょう … 少々

作り方

1. プルーンは粗く刻む。バターは薄切りにする。
2. フライパンを中火にかけ、ベーコンを入れて両面こんがりと焼く。バットに取り出し、ペーパータオルで脂を拭き、冷ます。
3. バゲットは長さを半分に切り、側面から包丁を入れて厚みを半分に切る。断面にバター、プルーン、ベーコンをのせ、こしょうをふってはさむ。

ベーコンとプルーンのサンド

ベーコンとプルーンは、フランスでは前菜の定番コンビ。塩けのあるカリカリベーコンに、プルーンの濃厚な甘さが不思議と合います。

パンの種類
・バゲット

具
・焼いたベーコン
・プルーン
・バター

レタスは折りたたみ、何層にも重ねて。
レタスのパリパリ、シャクシャク感、
ドレッシングのコクがたまりません。

パンの種類
・山形食パン

具
・レタス
・シーザードレッシング

シーザーサラダサンド

材料（2人分）

山形食パン（8枚切り）… 4枚
レタス … 6〜8枚
シーザードレッシング
マヨネーズ … 大さじ3
粉チーズ … 大さじ2½（15g）
アンチョビーフィレのみじん切り … 1½枚分（5g）
こしょう … 少々
バター（室温に戻したもの）… 小さじ1

作り方

1. レタスは氷水につけてパリッとさせ、ペーパータオルで水けを拭く。
2. ドレッシングの材料をボウルに入れて、なめらかになるまで混ぜる。
3. パン2枚の片面に2を塗り、レタスを重ねてのせ、はみ出したら折りたたむ。残りのパンの片面にバターを塗ってはさむ。

＊切る場合はラップで包んで軽く重しをし、冷蔵室に約15分おいて具を落ち着かせてから、ラップごと切るとよい。

ねぎ味噌納豆と青じそのサンド

パンの種類
・食パン

具
・ねぎ味噌納豆
・青じそ

納豆と混ぜた味噌が、
パンとの仲を取り持つ役目に。
香味野菜がアクセントづけに効果大。

材料（2人分）

食パン（8枚切り）… 4枚
ねぎ味噌納豆
　納豆 … 小2パック（80g）
　長ねぎのみじん切り … 大さじ2
　マヨネーズ … 大さじ1
　味噌 … 小さじ1
A マヨネーズ … 大さじ2
　練りがらし … 小さじ⅔
青じそ … 3〜4枚

作り方

1. ねぎ味噌納豆を作る。納豆は包丁で粗く刻んでボウルに入れ、その他の材料を加えて混ぜる。
2. パンをトースターで焼き、Aを混ぜ、パン2枚の片面に塗る。青じそと1をのせて残りのパンではさむ。

1

しめ鯖とたくあんのサンド

パンの種類
・食パン

具
・青じそ
・しめ鯖
・たくあん

京都で食べた「しめ鯖サンド」がずっと頭の片隅に残り、私流に再構成。たくあんで歯ごたえにコントラストを。

材料（2人分）

食パン（8枚切り）… 4枚
しめ鯖（市販）… 120g
レモン汁 … 小さじ2
たくあん … 40g
A バター（室温に戻したもの）… 大さじ1
　練りがらし … 小さじ½
マヨネーズ … 小さじ2
青じそ … 8枚

作り方

1. たくあんは2㎜厚さの輪切りにする。しめ鯖は5㎜幅に切り、レモン汁をかける。
2. トースターでパンをこんがりと焼く。
3. Aを混ぜ、パン2枚の片面に塗り、たくあんとしめ鯖を重ねてのせ、青じそものせる。残りのパンの片面にマヨネーズを塗ってはさむ。

＊切る場合はラップで包み、ラップごと切るとよい。
＊しめ鯖を横長に置いて縦に切ると、写真のような断面になる。

パンの種類

・食パン

具

・セルフィーユ
・ロースハム
・らっきょうとマヨネーズを混ぜたもの

らっきょうの甘酢漬けは和風ピクルス。
さわやかな甘みと食感で、
普段のハムサンドをアップグレード。

ハムらっきょうサンド

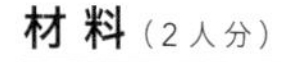

材料（2人分）

食パン（8枚切り）… 4枚
ロースハム … 6枚
らっきょうの甘酢漬けの粗みじん切り … 5個分（40g）
マヨネーズ … 大さじ2
あればセルフィーユ … 適量

作り方

1. ボウルにらっきょうとマヨネーズを入れて混ぜる。
2. パン2枚の片面に1を塗り、ハム、セルフィーユをのせて、残りのパンではさむ。

＊切る場合はラップで包み、ラップごと切るとよい。

はんぺんときゅうりのサンド

四角でふわふわなはんぺんと食パンは味も食感も意外とぴったり！きゅうりやわさびなどの引き締め役の存在もポイント。

パンの種類
・食パン

具
・青じそ
・はんぺん
・きゅうり

材料（2人分）

食パン（8枚切り）… 4枚
はんぺん … 1枚
オリーブ油 … 小さじ1
しょうゆ … 小さじ½
きゅうりの斜め薄切り … 1本分
青じそ … 6枚
A マヨネーズ … 大さじ2
　練りわさび … 小さじ1

作り方

1. フライパンにオリーブ油を入れて中火にかけ、はんぺんを入れて両面こんがりと焼き、しょうゆを加えてからめる。取り出して半分に切り、さらに厚みも半分に切る。
2. Aを混ぜて、パンの片面に塗る。パン2枚にきゅうりを少しずつ重ねてのせ、はんぺんと青じそをのせる。残りのパンではさむ。

＊切る場合はラップで包み、ラップごと切るとよい。
＊きゅうりを横長に置いて縦に切ると、写真のような断面になる。

パンの種類

・食パン

具

・香菜
・パイナップル炒め
・ランチョンミート

パンの種類

・胚芽食パン

具

・セロリ
・ブルーチーズと
クリームチーズ
を混ぜたもの

ランチョンミートとパイナップルのサンド

沖縄やハワイの定番コンビに、
香菜も合わせて無国籍な感じに。
辛味調味料をピリッときかせて。

材料（2人分）

食パン（8枚切り）… 4枚
ランチョンミート … 80g
カットパイナップル … 60g
香菜のざく切り … 適量
A バター（室温に戻したもの）… 大さじ1
　マスタード … 小さじ½
チリパウダー（または一味唐辛子）… 少々

作り方

1. ランチョンミートは5㎜厚さの長方形に切る。パイナップルは1㎝厚さに切る。
2. フライパンを中火にかけて、ランチョンミートを入れ、脂が出て焼き色がつくまで焼く。フライパンの空いたところにパイナップルを入れ、さっと炒め、バットに取り出して粗熱を取る。
3. Aを混ぜて、パンの片面に塗る。パン2枚に2のランチョンミート、パイナップルを順にのせ、香菜を散らし、チリパウダーをふる。残りのパンではさむ。

＊切る場合はラップで包み、ラップごと切るとよい。

ブルーチーズとセロリのサンド

くせの強いブルーチーズは
クリームチーズと混ぜてまろやかに。
香りの強いセロリとの相性も抜群。

材料（2人分）

胚芽食パン（8枚切り）… 4枚
セロリ … 1本
A ブルーチーズ（室温に戻したもの）
　… 20g
　クリームチーズ（室温に戻したもの）
　… 40g
B バター（室温に戻したもの）… 大さじ1
　練りがらし … 小さじ½

作り方

1. セロリは斜め薄切りにし、5㎜幅に切る。
2. A、Bをそれぞれ混ぜる。パン2枚の片面にAを塗り、セロリをのせる。残りのパンの片面にBを塗り、はさむ。

パンの種類

・食パン

具

・トマト
・チェダーチーズ

トマトとチェダーチーズのサンド

トマトとチェダーチーズの大好きなサンドイッチ。冷めてもおいしく、しっかり密着してるので食べやすい。

材料（2人分）

食パン（8～10枚切り）… 4枚
トマト … 1個
チェダーチーズ … 120g
A バター（室温に戻したもの）… 大さじ½
　練りがらし … 小さじ½
オリーブ油 … 小さじ2

作り方

1. トマトは3㎜厚さに切って種を除き、ペーパータオルで水けを拭く。チェダーチーズは3㎜厚さに切る。
2. Aを混ぜ、パンの片面に塗る。パン2枚にチェダーチーズ¼量ずつ、トマト半量ずつ、チェダーチーズ¼量ずつを重ねてのせ、残りのパンではさむ。
3. フライパンにオリーブ油を入れて中火で熱し、2をフライ返しで軽く押しつけながらこんがりするまで両面2～3分ずつ焼く。

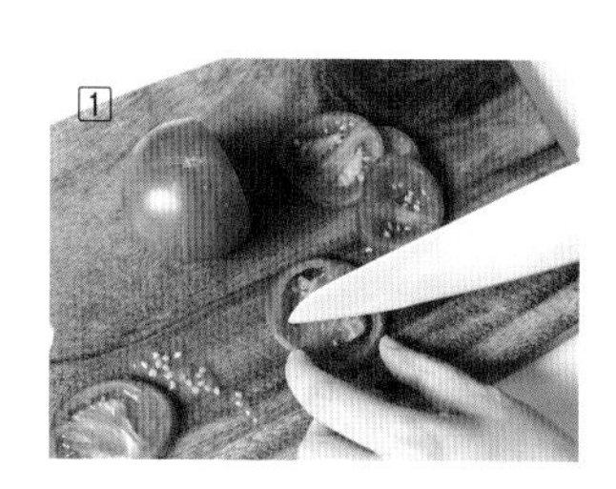

塩けのある生ハムとやわらかないちじくの組み合わせはアペロの常連コンビ。好みでルッコラの辛味をきかせても。

いちじくと生ハムのバターサンド

材料（2人分）

バゲット … 40cm
いちじく … 2個
バター（無塩）
　… 大さじ3（35g）
生ハム … 4枚

作り方

1. いちじくは4つ割りにする。バターは薄切りにする。
2. バゲットは長さを半分に切り、側面から包丁を入れて厚みを半分に切る。断面にバター、いちじく、生ハムをのせてはさむ。

パンの種類
・バゲット

具
・生ハム
・いちじく
・バター

パンの種類
・バゲット
具
・カマンベールチーズ
・チェリーのソテー

チェリーはもちろん、はちみつとソテーに使う白ワインも、チーズとよく合います。
チェリーの代わりにりんごや洋梨もおすすめ。

チェリーのソテーとカマンベールのサンド

材料（2人分）

バゲット … 40cm
チェリーのソテー
- アメリカンチェリー … 10個
- バター … 小さじ1
- 白ワイン … 大さじ2
- はちみつ … 小さじ2
- 塩 … 少々

カマンベールチーズ（またはブリーチーズ）… 100g

作り方

1. チェリーのソテーを作る。アメリカンチェリーは半分に切り、種を除く。
2. フライパンにバターを中火で溶かし、1を入れてさっと炒める。白ワインとはちみつ、塩を加えて煮詰め、汁けを軽くとばして火を止め、バットに取り出して冷ます。
3. カマンベールチーズは1cm厚さに切る。バゲットは長さを半分に切り、側面から包丁を入れて厚みを半分に切る。断面に2とカマンベールチーズをのせてはさむ。

パンの種類
・食パン
具
・りんごとミントチーズクリームを混ぜたもの

りんごの ミントチーズクリームサンド

英国ではおなじみの組み合わせ。りんごのシャクッとした食感とミントの香りで、さわやかに。

材料（2人分）

食パン（8〜10枚切り）… 4枚
りんご … ½個
ミントチーズクリーム
- ミントの葉のみじん切り … 8枚分
- クリームチーズ（室温に戻したもの） … 100g
- はちみつ … 小さじ2
- レモン汁 … 小さじ1

作り方

1. ミントチーズクリームの材料をボウルに入れ、なめらかになるまで練り混ぜる。
2. りんごは皮つきのまま4〜5㎜角に切り、1に加えて混ぜる。
3. パン2枚に2をのせて広げ、残りのパンではさむ。

＊切る場合はラップで包んで軽く重しをし、冷蔵室に約15分おいて具を落ち着かせてから、ラップごと切るとよい。

COLUMN

お弁当にするときの ラッピングアイデア

どんなにカジュアルな食事でも、そのひとときは
幸せな空気に包まれていたいもの。
自慢したくなるサンドイッチができたら、
ラッピングも自分らしくアレンジしてみませんか？

料理は器やクロス類がしっくりなじんでいると、自然に心が弾みます。お弁当もテイストに合わせて包んだら、開けるときのワクワク感が高まるはず。何も凝る必要はなく、「水や油が染みにくい素材を使う」「気軽に食べられる」など、サンドイッチに合ったポイントを押さえて。さり気ないのにかわいいと会話のきっかけになり、楽しい時間が始まるのではないでしょうか。

WRAPPING IDEA 1

紙ナプキンを巻く

潰れにくいバゲットサンドなら紙ナプキンを巻き、麻やラフィアなど自然素材のひもで結ぶラフなスタイルでも。このまま紙袋に入れてお出かけできます。手を汚さず食べられるのもうれしい。

WRAPPING IDEA 2

オーブン用ペーパーで包む

油汚れがつきにくいオーブン用ペーパーを活用。サンドイッチはラップで包んでおくと、食べやすい。オーブン用ペーパーは粘着テープが貼れないのでひもで留めて、紙ナプキンも添えて。

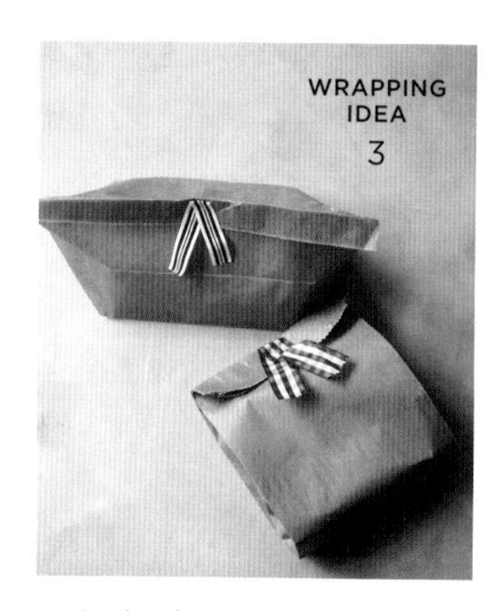
WRAPPING IDEA 3

ロウビキ紙袋に入れる

耐水性があってやぶれにくいため、鮮魚店などで使われている、ロウビキ紙袋をサンドイッチバッグに。口はひと折りし、リボンと一緒にホチキスで留めればOK。リボンを引っ張れば針が外れます。

PART 3

旅気分を味わう

世界の絶品サンド

WORLD SANDWICHES

世界の国や地域で独自に発展をとげたサンドイッチを集めてみました。
本場の味を再現したり、もっと手軽に作れるようアレンジしたり。
旅の記憶や憧れの地に思いを馳せながら、
作りやすいように試作を重ねたレシピです。

パンの種類

・食パン

具

・きゅうり

キューカンバーサンド

アフタヌーンティーの定番メニュー。
「シャキッとさっぱり」なきゅうりを
シンプルに。だからこそ、
ていねいに作ることで味に差が出ます。
隠し味にディルやミントを加えるのも好き。

材料（2人分）

食パン（10枚切り）… 4枚
きゅうり … 小2本
塩 … 小さじ⅓〜½
白ワインビネガー … 小さじ2
A バター（室温に戻したもの）… 大さじ2
　練りがらし … 小さじ1

作り方

1 きゅうりはパンの幅に合わせ、2㎜厚さの縦薄切りにする。塩をふって2〜3分おき、白ワインビネガーをふって軽くなじませてからペーパータオルで水けを拭く。

2 Aを混ぜて、パンの片面に塗る。パン2枚にきゅうりを少しずつ重ねてのせ、残りのパンではさむ。

＊切る場合はラップで包み、ラップごと切るとよい。
＊きゅうりを縦長に置いて横に切ると、写真のような断面になる。

パンの種類
・食パン

具
・スモークサーモン
・ディル入り
クリームチーズ

スモークサーモンとディルクリームのサンド

絶対においしい組み合わせで、
絶対に失敗しない簡単レシピ。
クリームチーズが、
軽い酸味ときれいな色の層を。

材料（2人分）

食パン（10枚切り）… 4枚
スモークサーモン … 8枚（65g）
A バター（室温に戻したもの）
　… 小さじ2
　練りがらし … 小さじ½
B クリームチーズ（室温に戻したもの）
　… 40g
　ディルのみじん切り
　… 小さじ½
　レモン汁 … 小さじ½

作り方

A、Bをそれぞれ混ぜる。パン2枚の片面にAを塗り、スモークサーモンを重ねてのせる。残りのパンの片面にBを塗ってはさむ。

パンバーニャ

留学時代の思い出の味。
ニース風サラダをはさんだサンドをこう呼びます。
バゲットのドレッシングの旨味を吸った内側と
かたい外側の食感の違いも味わいに。

パンの種類
- バゲット

具
- バジル
- ゆで卵
- 黒オリーブ
- ツナ、トマト、紫玉ねぎをヴィネグレットドレッシングであえたもの
- レタス

材料（2人分）

バゲット … 40cm
ツナ缶 … 小1缶（70g）
ゆで卵の輪切り … 1個分
トマト … ½個
紫玉ねぎの薄切り
　… ⅛個分（30g）
レタス … 2枚
黒オリーブ（種抜き）の輪切り … 3〜4個分
バジル … 適量
ヴィネグレットドレッシング
　アンチョビーフィレのみじん切り … 2枚分
　オリーブ油 … 大さじ1
　白ワインビネガー … 小さじ1
　塩 … ひとつまみ
　きび砂糖（または砂糖）… ひとつまみ
　こしょう … 少々
　おろしにんにく … 少々

作り方

1. ツナは缶汁をきる。トマトは一口大に切り、種を除く。レタスは氷水につけてパリッとさせ、ペーパータオルで水けを拭き、食べやすくちぎる。
2. ボウルにヴィネグレットドレッシングの材料を入れて、よく混ぜる。
3. 2のボウルに、ツナ、トマト、紫玉ねぎを入れて混ぜる。
4. バゲットは長さを半分に切り、側面から包丁を入れて厚みを半分に切る。レタス、3、オリーブ、ゆで卵、バジルを順にのせてはさむ。

パンの種類
・山形食パン
具
・レタス
・トマト
・ベーコン

BLTサンド

その名の通りベーコン、レタス、トマトで構成する定番サンド。材料ひとつひとつに気を配ることが、おいしさにつながります。パンはトーストして食感をプラス。

材料（2人分）

山形食パン（6枚切り）… 4枚
ベーコン … 4枚
トマト … 横½個
レタス … 3〜4枚
マヨネーズ … 大さじ1½
A バター（室温に戻したもの）… 大さじ1
　粒マスタード … 小さじ2

作り方

1 トマトは1cm厚さの輪切りにし、種を除く。レタスは氷水につけてパリッとさせ、ペーパータオルで水けを拭き、食べやすくちぎる。ベーコンは長さを半分に切る。

2 フライパンを中火にかけ、ベーコンを入れて焼く。脂が出てカリカリになったら、バットに取り出し、ペーパータオルで脂を軽く拭く。

3 パンをトースターで焼き、Aを混ぜてパンの片面に塗る。ベーコン、トマト、ベーコン、レタスを順にのせ、マヨネーズをかけて残りのパンではさむ。

＊切る場合はラップで包み、ラップごと切るとよい。

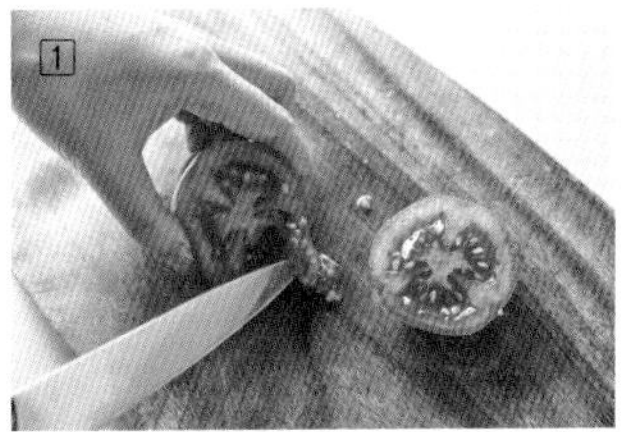

ロブスターロール

パンの種類
- ホットドッグ用パン

具
- ゆでえび、セロリ入りのタルタルソース

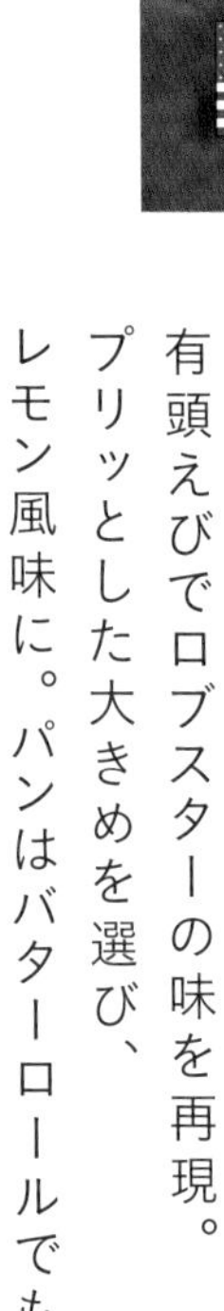

有頭えびでロブスターの味を再現。
プリッとした大きめを選び、
レモン風味に。パンはバターロールでも。

材料（2人分）

ホットドッグ用パン … 2個
有頭えび … 大4尾
白ワイン … 大さじ2
塩 … 少々
A ゆで卵の粗みじん切り … 1個分
　セロリのみじん切り … 大さじ1
　マヨネーズ … 大さじ1½
　レモン汁 … 小さじ⅔
　あればディルのみじん切り … 小さじ1
バター（室温に戻したもの） … 大さじ½
レモン（国産）の皮のすりおろし … 少々
ディルのざく切り … 適量

作り方

1 えびは背を曲げて節の間に竹串を浅く刺し、背わたを引っかけて除く。白ワインと塩を加えた熱湯でさっとゆで、取り出して湯をきる。粗熱が取れたら頭と尾を除いて殻をむき、長さを半分に切る。

2 ボウルにAを入れて混ぜ、1を加えてあえる。

3 パンをトースターで焼く。切れ目にバターを塗って2をはさみ、レモンの皮のすりおろし、ディルを散らす。

エルビスサンド

材料（2人分）

山形食パン（8〜10枚切り）… 4枚
バナナ … 小2本
ベーコン … 6枚
ピーナッツバター … 大さじ4
メープルシロップ … 大さじ2〜4

作り方

1. バナナは縦3等分に切る。
2. フライパンを中火にかけ、ベーコンを焼く。脂が出てカリカリになったら、バットに取り出し、ペーパータオルで脂を軽く拭く。
3. パンをトースターで焼き、片面にピーナッツバターを塗る。パン2枚にバナナとベーコンをのせ、メープルシロップをかけて残りのパンではさむ。

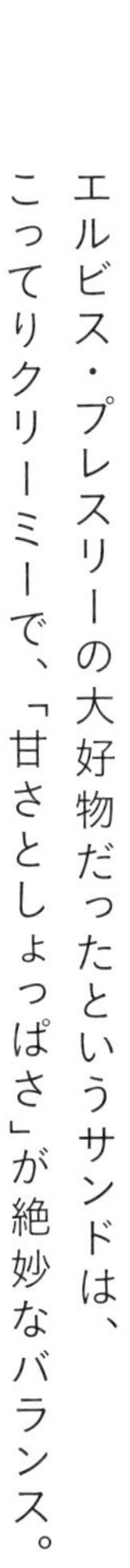
エルビス・プレスリーの大好物だったというサンドは、
こってりクリーミーで、「甘さとしょっぱさ」が絶妙なバランス。

キューバサンド

スパイスとかんきつをきかせた豚肉を
チーズと合わせてぎゅっとプレス。
バターでこんがり焼きます。
好みで、本場風にハムをプラスしても。
パンはロールパンでもOKです。

材料（2人分）

バゲット（やわらかいタイプのもの）… 40cm
豚肩ロースとんかつ用肉 … 2枚（200g）

マリネ液
- オレンジの搾り汁 … 大さじ2
- ライムの搾り汁 … 小さじ2
- オリーブ油 … 大さじ1
- 塩 … 小さじ½
- クミンシード … 小さじ¼
- おろしにんにく … 少々
- こしょう … 少々
- あればオレガノ … 少々
- あれば香菜の茎のみじん切り … 小さじ1

A バター（室温に戻したもの）… 大さじ1
　マスタード … 小さじ1

きゅうりのピクルス（市販）の薄切り … 適量
香菜の葉のざく切り … 適量
スライスチーズの細切り
　… 2枚分（またはピザ用チーズ40g）
バター … 大さじ1

作り方

1. 豚肉はところどころフォークで刺す。バットにマリネ液の材料を入れて混ぜ、豚肉を入れて表面にぴったりとラップをかけ、冷蔵室に30分以上おく。

2. フライパンを中火で熱し、1の豚肉を汁けをきって入れる。両面しっかり焼いて取り出し、1cm幅に切る。

3. バゲットは長さを半分に切り、側面から包丁を入れて厚みを半分に切る。Aを混ぜて切り口に塗り、きゅうりのピクルス、2、香菜の葉、チーズをのせてはさむ。

4. フライパンにバターを入れて中火で溶かし、3を入れて重い鍋のふたなどで押しつけながら両面をこんがり焼く。

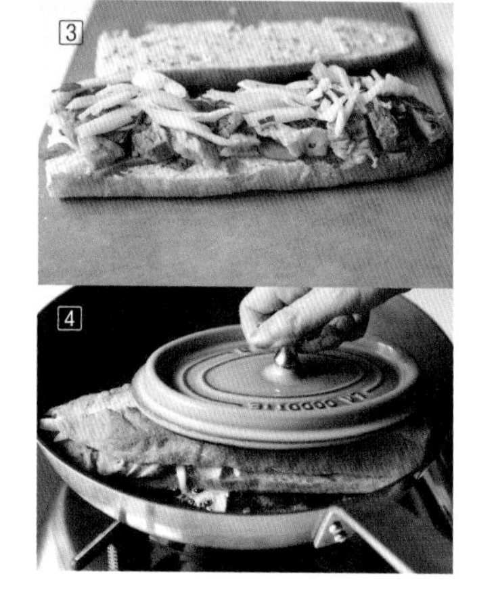

パンの種類

・バゲット

具

・スライスチーズ
・香菜
・オレンジ風味の
ローストポーク
・きゅうりのピクルス

肉は玉ねぎ入りのマリネ液に漬け込みやわらかく。
ふっくらと膨らんだピタパンを作るなら、
カンカンに熱したフライパンで焼くのがポイント。
彩りに紫キャベツの塩漬け(P.64)を添えても。

パンの種類

・ピタパン

具

・ヨーグルトソース
・香菜
・サニーレタス
・ピーマン
・紫玉ねぎ
・カレー風味マリネのローストラム

ケバブ風サンド

材料（2人分）

ピタパン（右記参照、または市販）… 2枚
ラム肉の薄切り（焼き肉用）… 160g
マリネ液
玉ねぎのすりおろし … 30g
オリーブ油 … 大さじ2
レモン汁 … 大さじ1
カレー粉 … 小さじ½
塩 … 小さじ⅓
こしょう … 少々
オリーブ油 … 少々
サニーレタス … 4枚
ピーマン … ½個
紫玉ねぎの輪切り … 30g
香菜のざく切り … 適量
A 水切りヨーグルト … 30mℓ
白練りごま … 大さじ1
ミントのみじん切り … 少々
塩 … 少々

作り方

1 バットにマリネ液の材料を入れて混ぜ、ラム肉を入れて、15分以上漬け込む。フライパンにオリーブ油を入れて中火で熱し、ラム肉の汁けをきって入れる。火が通ったら取り出し、粗熱を取る。

2 サニーレタスは氷水につけてシャキッとさせ、ペーパータオルで水けを拭き、食べやすくちぎる。ピーマンは横細切りにする。紫玉ねぎは水にさらし、ペーパータオルで水けを拭く。

3 ピタパンを半分に切ってポケット状に開き、1、2、香菜を詰める。Aの材料を混ぜて具にかける。

＊水切りヨーグルトは、ざるにペーパータオルをしき、プレーンヨーグルト60mℓを入れて、約30分水切りしたもの。または市販のギリシャヨーグルトを使っても。
＊紫玉ねぎの輪切りは、紫玉ねぎの酢漬け（P.67参照）を使ってもおいしい。

◎ピタパン

材料（作りやすい分量・4枚分）

強力粉 … 160g
薄力粉 … 50g
ドライイースト … 小さじ1
砂糖 … 小さじ1½
塩 … 小さじ½
オリーブ油 … 大さじ1
水 … 120〜130mℓ

作り方

1 ボウルに水以外の材料を入れて泡立て器でざっと混ぜ、水を加えて練り混ぜる。生地がまとまったら、ボウルから取り出し、表面がなめらかになるまで力を入れてこねる。

2 再びボウルに入れ、生地の表面にラップをふんわりとかけ、ボウルの上にぬれぶきんをかける。30℃前後の室温に約1時間おいて発酵させる。生地が2倍に膨らんだら手で軽く押してガス抜きをし、4等分にしてそれぞれ丸める。バットに並べ、再びぬれぶきんをかけて約10分おく。

3 打ち粉（分量外）をふり、めん棒で直径約14cmの円形に伸ばし、約15分おく。フライパンを油をひかずに中火で熱し、熱くなったら生地1枚分を入れて約1分焼く。焼き色がついたら裏返して同様に焼き、膨らんだらバットに取り出す。残りも同様にする。

＊2の発酵させる時間は、室温によって調整する。冬場は時間を長めにとり、生地の膨らみ具合を目安にする。オーブンに発酵機能がある場合は、利用しても。

2

3

具がオールベジでも、
ひよこ豆を潰して作るファラフェルと
揚げなすのコクで食べごたえアップ。
ソースには練りごまに
ヨーグルトをプラスして軽やかさを。

ファラフェルサンド

材料（2人分）

ピタパン（P.57参照、または市販）… 2枚
サニーレタス … 4枚
トマト … 1個
なす … 1本
あれば紫キャベツの塩漬け（P.64参照）… 30g
ファラフェルだね
ひよこ豆の蒸したもの（市販、水煮も可）… 100g
玉ねぎのみじん切り … ¼個分
おろしにんにく … ¼片分
香菜のみじん切り … 1〜2本分
レモン汁 … 小さじ1
クミンパウダー … 小さじ½
コリアンダーパウダー … 小さじ¼
塩 … 小さじ¼
こしょう … 少々
薄力粉 … 適量
A 水切りヨーグルト … 60mℓ
白練りごま … 大さじ1
塩 … 小さじ⅓
おろしにんにく … 少々
レモン汁 … 少々
こしょう … 少々
クミンパウダー（またはカレー粉）… 少々
あればカイエンペッパー … 少々
揚げ油 … 適量

＊水切りヨーグルトは、ざるにペーパータオルをしき、プレーンヨーグルト120mℓを入れて、約30分水切りしたもの。または市販のギリシャヨーグルトを使っても。

作り方

1. サニーレタスは氷水につけてシャキッとさせ、ペーパータオルで水けを拭き、食べやすくちぎる。トマトは7mm厚さの輪切りにし、種を除いて1cm四方に切る。
2. なすは小さめの乱切りにして水にさらし、ペーパータオルで水けを拭く。170℃に熱した揚げ油に入れてこんがりと揚げ、取り出して油をきる。
3. ファラフェルだねの材料をフードプロセッサーに入れて攪拌し、水っぽい場合は薄力粉大さじ1〜2を加え混ぜ、手で丸められるかたさにする。直径3cmのボール状に丸め、薄く薄力粉をまぶす。170℃に熱した揚げ油に入れてこんがりと揚げ、取り出して油をきる。
4. ピタパンを半分に切ってポケット状に開き、1、2、紫キャベツの塩漬け、3を詰める。Aの材料を混ぜて具にかける。

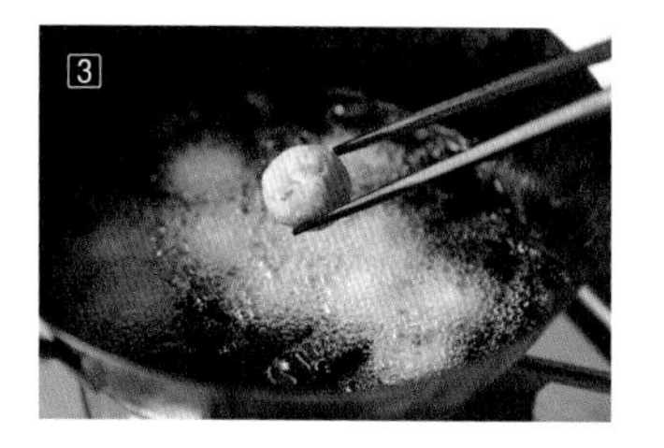

パンの種類

・ピタパン

具

・ヨーグルトソース
・ファラフェル
・紫キャベツの塩漬け
・揚げなす
・トマト
・サニーレタス

★ バインミー

(パンの種類)
・バゲット

(具)
・クリームチーズ
・香菜
・なます
・ボロニアソーセージ
・ピーナッツバター
マヨネーズ

ベトナム風のなますをたっぷりはさみ、
クリームチーズで少しコクを出して。
ソーセージやハムは多めにしても。
ふんわりしたバゲットなら、より現地風に。

材料（2人分）

バゲット（やわらかいタイプのもの）… 40cm
なます
- 大根のせん切り … 3cm分（150g）
- にんじんのせん切り … ⅓本分（50g）
- A 米酢 … 大さじ1½
  - ナンプラー … 大さじ1
  - 砂糖 … 大さじ1
  - レモン汁 … 大さじ½
  - にんにくのみじん切り … ¼片分
  - 赤唐辛子の小口切り … ½本分
  - 水 … 30mℓ

ボロニアソーセージ（または好みのハム）
… 6枚
香菜のざく切り … 適量
クリームチーズ（室温に戻したもの）… 50g
B マヨネーズ … 小さじ1
ピーナッツバター … 小さじ1

作り方

1. なますを作る。小鍋にAを入れて中火にかけ、ふつふつとして砂糖が溶けたら火を止める。ボウルに入れて粗熱が取れたら、大根とにんじんを加えてあえる。
2. バゲットは長さを半分に切り、側面から包丁を入れて厚みに切り目を入れる。Bを混ぜてバゲットの底側の切り口に塗り、ソーセージ、汁けをきった1、香菜を順にのせる。バゲットの上側の切り口にクリームチーズを塗り、はさむ。

＊なますはベトナムなます（P.67参照）を使ってもおいしい。

マントウに豚角煮をはさむ台湾バーガーを、厚めのパンと薄切り肉で作りやすくアレンジ。甘辛の肉と、高菜漬けの酸味が絶妙なバランス。

台湾風焼き肉サンド

材料（2人分）

食パン（4〜5枚切り）… 4枚
豚バラ薄切り肉 … 200g
にんにくのみじん切り … ½片分
高菜漬けのみじん切り … 50g
ごま油 … 少々
A 酒 … 大さじ2
　きび砂糖 … 小さじ2
　しょうゆ … 小さじ2
B バター（室温に戻したもの）… 大さじ1
　練りがらし … 小さじ⅔
香菜のざく切り … 適量
ピーナッツの粗みじん切り … 適量

作り方

1. フライパンにごま油を入れて中火で熱し、にんにくと豚肉を入れて焼く。肉の色が変わったら、Aを加えて汁けがなくなるまで炒める。バットに取り出して粗熱を取る。
2. Bを混ぜてパンの片面に塗り、パン2枚に1、高菜漬け、香菜をのせて残りのパンではさみ、ピーナッツを散らす。

＊切る場合はラップで包み、ラップごと切るとよい。

パンの種類

・食パン

具

・ロースハム
・スライスチーズ
・キウイソース

韓国の屋台の味。
フライパンで焼くホットサンドは、
キウイの甘さと酸味、ハムとチーズの
塩味のバランスがやみつきに。

キウイバターサンド

材料（2人分）

食パン（8〜10枚切り）… 4枚

キウイソース

- キウイの粗みじん切り … ½個分（50g）
- 砂糖 … 大さじ1
- マヨネーズ … 大さじ2

ロースハム … 4枚

スライスチーズ … 2枚

バター … 大さじ2

作り方

1. キウイソースを作る。小鍋にキウイ、砂糖を入れてよく混ぜ、弱火に約1分かけて水けをとばす。火からおろして粗熱を取り、マヨネーズを混ぜる。
2. パン2枚の片面に1を塗り、チーズ、ハムをのせて残りのパンではさむ。
3. フライパンにバター大さじ½を入れて中火で溶かし、2を1組入れてフライ返しで押しつけながらこんがりと焼き色がつくまで焼く。返してフライパンにバター大さじ½を加えて同様に焼く。同様にもう1組も焼く。

PART 4

作りおき具材で

野菜たっぷりサンド

VEGETABLE SANDWICHES

ビネガーや塩、砂糖を加えることで野菜のおいしさを長持ちさせた、作りおき。
時間のあるときに作っておけば、彩りも美しく栄養バランスのいいサンドイッチが
ささっとでき上がります。また、サンドイッチに添えればサイドディッシュにも。
作りおきは、日に日に味がなじみ、
マイルドになっていくので、味の変化も楽しんで。

サンドイッチ作りに、「あってよかった!」の **作りおき具材**

作って少し時間をおくから、味はしっかりめ。これだけを具にしても十分おいしいし、定番食材や作りおき同士のマッチングで新鮮な味わいが生まれます。

キャロットラペ

白ワインビネガーがにんじんの甘みを引き立て、さわやかな風味も。

材料 (作りやすい分量)

にんじん … 2本(300g)
A オリーブ油 … 大さじ1½
　白ワインビネガー … 大さじ½
　塩 … 小さじ1弱

作り方

1 にんじんは食べやすい長さのせん切りにする(スライサーやチーズおろし器を使っても)。

2 ボウルにAを入れて混ぜ、1を加えてあえる。

＊保存容器に入れ、冷蔵で約5日保存可能。

紫キャベツの塩漬け

少し寝かせると自然発酵。かすかな酸味が生まれて、色も鮮やかに。

材料 (作りやすい分量)

紫キャベツ … ¼個(250〜300g)
塩 … 5〜6g(キャベツの重量の2%)

作り方

1 紫キャベツはせん切りにし、ボウルに入れ、塩をふってもむ。

2 保存容器に入れ、ときどき混ぜ、全体がきれいな紫色になるまで室温に半日〜2日おく。

＊全体が色づいたら食べられ、冷蔵で約14日保存可能。

カポナータ

水分が抜けて味が濃くなった野菜に、
コクのあるトマトソースをからめて。

材料（作りやすい分量）

パプリカ … 1個
なす … 2本
ズッキーニ … 小1本
かぼちゃ … 50g

トマトソース
カットトマト缶 … 大1缶（400g）
にんにく … 1片
オリーブ油 … 大さじ1½
塩 … 小さじ½

赤ワインビネガー（または酢）
… 小さじ½〜1
塩 … 小さじ½
揚げ油 … 適量

作り方

1. トマトソースを作る。にんにくは包丁の腹で潰し、鍋に入れ、オリーブ油を加えて中火にかける。香りが立ったら他の材料を加え、弱めの中火で約15分煮詰め、火を止めて粗熱を取る。
2. パプリカは1.5㎝四方に切る。なす、ズッキーニ、かぼちゃは1.5㎝角に切る。なすは塩少々（分量外）をふって2〜3分おき、ペーパータオルで水けを拭く。
3. フライパンに揚げ油を2㎝深さに入れて170℃に熱し、かぼちゃ、パプリカ、ズッキーニ、なすの順にカラリとするまで素揚げし、取り出す。油をきり、1の鍋に加えてあえるように混ぜ、赤ワインビネガー、塩を加えて混ぜる。

＊保存容器に入れ、冷蔵で約5日保存可能。

きのこのオーブン焼き

オーブンで焼くことで、水分が抜けて
旨味を凝縮。
これで日持ちしないきのこ類の
おいしさが長持ちします。

材料（作りやすい分量）

きのこ（マッシュルーム、しめじ、しいたけなど）
… 合わせて500g
A オリーブ油 … 大さじ1½
赤ワインビネガー（または酢）… 大さじ½
塩 … 小さじ½
にんにくの薄切り … ½片分
あれば好みのハーブ
（タイム、オレガノなど）… 適量

作り方

1. きのこは食べやすく手で裂いてボウルに入れ、Aを加えてあえる。
2. オーブンを180℃に予熱する。耐熱容器に1を広げて塩をふり、にんにくとハーブを散らす。天板に耐熱容器をのせ、約15分焼く。

＊保存容器に入れ、冷蔵で約5日保存可能。

セミローストトマト

材料（作りやすい分量）

ミニトマト … 360g
塩 … 小さじ⅓
オリーブ油 … 小さじ2
あれば好みのハーブ
（タイム、オレガノなど） … 適量

作り方

1. ミニトマトは半分に切って耐熱容器に入れ、塩をふり、オリーブ油をかけて、ハーブを散らす。
2. オーブンを140℃に予熱する。天板に1の耐熱容器をのせ、約50分焼き、そのままおいて冷ます。

＊保存容器に入れ、冷蔵で約7日保存可能。

低温でじっくり焼くとしっとり仕上がり、
旨味と甘みが濃厚に。

ひじきペペロンチーノ

材料（作りやすい分量）

芽ひじき（乾燥） … 20g
にんにくのみじん切り … ½片分
アンチョビーフィレのみじん切り
… 2枚分
オリーブ油 … 小さじ2
赤唐辛子の小口切り … ½本分

作り方

1. ひじきは水でもどし、ざるにあけ、水けをしっかりきる。
2. フライパンににんにく、アンチョビー、オリーブ油、唐辛子を入れて中火にかけ、香りが立ったら、ひじきを入れてさっと炒める。

＊保存容器に入れ、冷蔵で約5日保存可能。

和食ではおなじみのひじきを、
オリーブ油で炒めて洋風仕立てに。

アクセントに便利な 酢漬け

はさんで添えて、あと味さっぱり。
季節や好みに合わせて、違う野菜で作っても。

ベトナムなます

材料（作りやすい分量）

大根 … 1/3本（500g）
にんじん … 1本（150g）
A 米酢 … 大さじ3
ナンプラー … 大さじ2
砂糖 … 大さじ2
レモン汁 … 大さじ1
にんにくのみじん切り … 1/2片分
赤唐辛子の小口切り … 1本分
水 … 60mℓ

作り方

1 大根とにんじんは4cm長さに切ってせん切りにし、ともにボウルに入れる。

2 小鍋にAを入れて中火にかける。ふつふつとして砂糖が溶けたら、火を止めて粗熱を取り、1のボウルに加えてあえる。

＊保存容器に入れ、冷蔵で約14日保存可能。

ピクルス

材料（作りやすい分量）

かぶ … 小2個（100g）
カリフラワー … 1/2個（200g）
赤パプリカ … 1/2個（50g）
A 白ワイン … 100mℓ
砂糖 … 大さじ4 1/2
塩 … 小さじ1
ローリエ … 1枚
赤唐辛子の小口切り … 1/2本分
あればコリアンダーシード … 小さじ1/2
水 … 50mℓ
白ワインビネガー（または酢） … 200mℓ
塩 … 適量

作り方

1 小鍋にAを入れて中火にかけ、ふつふつとして砂糖が溶けたら火を止める。白ワインビネガーを加えて混ぜ、完全に冷めたら保存容器に移す。

2 野菜は食べやすい大きさに切る。塩を入れた熱湯でさっとゆでて取り出し、粗熱を取って1に加え、漬ける。

＊野菜は他に、きゅうりやにんじんなどもおすすめ。合わせて350gになるのを目安にする。

＊翌日から食べられ、冷蔵で約1カ月保存可能。

紫玉ねぎの酢漬け

材料（作りやすい分量）

紫玉ねぎの薄切り … 1個分
A オリーブ油 … 大さじ1
白ワインビネガー（または酢） … 小さじ1
塩 … 小さじ1/2

作り方

ボウルにAを入れて混ぜ、紫玉ねぎを加えてあえる。

＊保存容器に入れ、冷蔵で約4日保存可能。色は徐々に薄くなっていく。

作りおきで、すぐできサンド

味わいも栄養的にも好バランスの組み合わせ。
ツナをハムに代えたり
クミンやパセリを加えても美味。

パンの種類
・山形食パン

具
・キャロットラペ
・ツナマヨネーズ

▶キャロットラペで

にんじんのツナマヨサンド

材料（2人分）

山形食パン（8枚切り）… 4枚
キャロットラペ（P.64参照）… 120g
ツナ缶 … 小2缶（140g）
A マヨネーズ … 小さじ2
　こしょう … 少々
バター（室温に戻したもの）… 大さじ1

作り方

1 ツナは缶汁をきる。ボウルに入れ、Aを加えて混ぜる。

2 パン2枚の片面にバターを塗り、1、キャロットラペを順にのせて広げ、残りのパンではさむ。

＊切る場合はラップで包み、ラップごと切るとよい。

パンの種類
・食パン
具
・アボカドのマヨあえ
・キャロットラペ

さっぱり味のラペと
こっくりしたアボカドの
コンビは、色合いもきれい。
しらすを加えるのもおすすめ。

▶ キャロットラペで

にんじんとアボカドのサンド

材料（2人分）

食パン（8枚切り）… 4枚
キャロットラペ（P.64参照）… 120g
アボカド … 大1個
A マヨネーズ … 大さじ½
　レモン汁 … 小さじ½
　クミンパウダー … 小さじ¼
バター（室温に戻したもの）… 大さじ½

作り方

1 アボカドは乱切りにしてボウルに入れる。Aを加えて混ぜる。

2 パン2枚の片面にバターを塗り、キャロットラペと1をのせて残りのパンではさむ。

＊切る場合はラップで包み、ラップごと切るとよい。

酸味のあるキャベツは、
ホットドッグをぐっと本格派に。
ソーセージの旨味を引き立てる
ケチャップとマスタードも必須。

パンの種類
・ホットドッグ用パン
具
・フランクフルト
ソーセージ
・紫キャベツの塩漬け

▶紫キャベツの塩漬けで

ホットドッグ

材料（2人分）

ホットドッグ用パン … 2個
紫キャベツの塩漬け
（P.64参照）… 50g
フランクフルトソーセージ
… 2本
A バター（室温に戻したもの）
… 大さじ½
粒マスタード … 小さじ1
トマトケチャップ … 適量
サラダ油 … 少々

作り方

1 フライパンにサラダ油を入れて中火で熱し、ソーセージを入れてこんがり焼く。

2 Aを混ぜてパンの切れ目に塗り、紫キャベツと1をはさんでケチャップをかける。

パンの種類
・食パン

具
・ベーコン
・紫キャベツの塩漬け

ベーコンはしっとり感を残しながらソテー。
キャベツのほどよい酸味や
食感でさっぱりさせます。

▶ 紫キャベツの塩漬けで

キャベツとベーコンのサンド

材料（2人分）

食パン（8枚切り）… 4枚
紫キャベツの塩漬け（P.64参照）
… 30g
ベーコン … 2枚
A バター（室温に戻したもの）
… 大さじ1
粒マスタード … 小さじ1

作り方

1. ベーコンは2㎝幅に切る。フライパンを中火にかけ、ベーコンを入れてこんがりするまで炒める。
2. Aを混ぜて、パン2枚の片面に塗る。紫キャベツと1をのせ、残りのパンではさむ。

＊切る場合はラップで包み、ラップごと切るとよい。

パンの種類
・バゲット
具
・ルッコラ
・生ハム
・カポナータ

▶カポナータで

彩り野菜と生ハムのサンド

野菜をごろごろ入れたカポナータに、生ハムを重ねて食べ応えを。ルッコラの辛みが引き立て役に。

材料（2人分）

バゲット … 40㎝
カポナータ（P.65参照）… 160g
生ハム … 2〜4枚
ルッコラの葉 … 4〜5枚
A バター（室温に戻したもの）… 大さじ1
　マスタード … 小さじ½

作り方

バゲットは長さを半分に切り、側面から包丁を入れて厚みに切り目を入れる。Aを混ぜて切り口に塗り、カポナータ、生ハム、ルッコラを順にのせてはさむ。

▶カポナータで

彩り野菜とクリームチーズのサンド

多彩な野菜が織りなすカポナータとパンを、クリームチーズが橋渡し。レモンとバジルでさわやかな香りを添えて。

材料（2人分）

食パン（8枚切り）… 4枚
カポナータ（P.65参照）… 160g
あればバジル … 2〜3枚
A クリームチーズ（室温に戻したもの）… 40g
　レモン汁 … 小さじ1
　オリーブ油 … 小さじ1

作り方

Aを混ぜてパンの片面に塗る。パン2枚にカポナータ、バジルをのせて残りのパンではさむ。

＊切る場合はラップで包み、ラップごと切るとよい。

きのこには旨味があるので、
ハムはサラダチキンに代えても◎。
生野菜を足すと、さらにヘルシーに。

▶きのこのオーブン焼きで

きのことハムのサンド

材料（2人分）

バゲット … 40cm
きのこのオーブン焼き（P.65参照）… 80g
ロースハム … 4枚
A バター（無塩、室温に戻したもの）… 大さじ1
　マスタード … 小さじ½
好みのハーブ（タイム、バジルなど）… 適量

作り方

バゲットは長さを半分に切り、側面から包丁を入れて厚みに切り目を入れる。Aを混ぜて切り口に塗り、ハム、きのこのオーブン焼き、ハーブをのせてはさむ。

▶ セミローストトマトで

トマトとカマンベールのサンド

材料（2人分）

食パン（8枚切り）… 4枚
セミローストトマト（P.66参照）… 18切れ
玉ねぎのみじん切り … 大さじ1
カマンベールチーズの薄切り … 50g
マヨネーズ … 大さじ2

作り方

1. 玉ねぎは水にさらして水けをきり、ペーパータオルでしっかり拭く。
2. パン2枚にマヨネーズを塗り、セミローストトマトと1、カマンベールチーズをのせ、残りのパンではさむ。

＊切る場合はラップで包み、ラップごと切るとよい。

▶ ひじきペペロンチーノと紫キャベツの塩漬けで

ひじきと紫キャベツのサンド

パンの種類

・食パン

具

・紫キャベツの塩漬け
・ひじきペペロンチーノ

作りおき2種類で作る、おつまみサンド。レタスなどの野菜を、たっぷりはさむのもおすすめ。

材料（作りやすい分量）

食パン（8枚切り）… 4枚
ひじきペペロンチーノ（P.66参照）… 60g
紫キャベツの塩漬け（P.64参照）… 30g
マヨネーズ … 大さじ2
A バター（無塩、室温に戻したもの）… 大さじ½
　マスタード … 小さじ½

作り方

パン2枚の片面にマヨネーズを塗り、ひじきペペロンチーノと紫キャベツの塩漬けをのせる。Aを混ぜて残りのパンの片面に塗ってはさむ。

＊マヨネーズは豆腐マヨネーズ（P.24参照）50gに代えると、軽やかになり、おいしい。
＊切る場合はラップで包み、ラップごと切るとよい。

▶ ひじきペペロンチーノとセミローストトマトで

ひじきとローストトマトのサンド

パンの種類

・食パン

具

・セミローストトマト
・ひじきペペロンチーノ、ブルーチーズ、レーズンを混ぜたもの

これも作りおき2種を生かして。ひじきとブルーチーズの塩け、トマトとレーズンの甘さの加減が絶妙。

材料（作りやすい分量）

食パン（6枚切り）… 4枚
ひじきペペロンチーノ（P.66参照）… 80g
セミローストトマト（P.66参照）… 8切れ
ブルーチーズの粗みじん切り … 40g
レーズン … 30g
A バター（無塩、室温に戻したもの）… 大さじ1
　マスタード … 小さじ1

作り方

1. ボウルにひじきペペロンチーノとブルーチーズ、レーズンを入れて混ぜる。
2. Aを混ぜてパンの片面に塗り、パン2枚に1とセミローストトマトをのせて残りのパンではさむ。

＊切る場合はラップで包み、ラップごと切るとよい。

PART 5

ボリューム満点

肉＆魚介のジューシーサンド

MEAT & SEAFOOD SANDWICHES

たんぱく質がしっかりとれる、お弁当にぴったりのサンドイッチ。
作るのが大変そうに見えますが、薄切り肉や魚の切り身など、
扱いやすい食材を使うことで、驚くほど簡単に作れます。
野菜も一緒にはさみ、バランスのいい１食にしてみました。

肉サンド

パンの種類
・ハンバーガー用バンズ

具
・レタス
・トマト
・紫玉ねぎ
・きゅうりのピクルス
・ハンバーグ

ハンバーガーも自家製ならアレンジ自在。
ハンバーグだねは、炒め玉ねぎの代わりに
トマトを入れることで
甘みとジューシーさをプラス。
野菜もたっぷり重ねて
自家製ならではのボリューム感を。

牛ひき肉で
ハンバーガー

材料（2人分）

ハンバーガー用バンズ … 2個
トマト … 小1個
レタス … 2〜3枚
紫玉ねぎの横薄切り … ¼個分
きゅうりのピクルス（市販）の薄切り …適量

ハンバーグだね
- 牛ひき肉 … 200g
- パン粉 … 10g
- 牛乳 … 大さじ2
- 塩、こしょう … 各少々

油 … 少々

A トマトケチャップ … 大さじ1
ウスターソース … 大さじ1
赤ワイン … 大さじ1

B バター（室温に戻したもの） … 大さじ1
練りがらし … 小さじ½

作り方

1. トマトは7㎜厚さの輪切りを2枚作り、種を除いて取りおく。残りのトマトはみじん切りにする。レタスは氷水につけてパリッとさせ、ペーパータオルで水けを拭く。
2. ボウルにハンバーグだねの材料を入れて、よく練り混ぜる。1のみじん切りにしたトマトも加えて混ぜ、2等分し、平たい円形にする。
3. フライパンに油を入れて中火で熱し、2を入れて焼く。火が通り、両面こんがりと焼き色がついたらバットに取り出す。
4. 続けてフライパンにAを入れて中火にかける。混ぜながらさっと煮詰め、3を戻し入れてからめる。
5. Bを混ぜてバンズの切り口に塗る。4、きゅうりのピクルス、紫玉ねぎ、1の取りおいたトマトを順にのせる。レタスを折りたたんでのせ、バンズではさむ。好みでレタスにマヨネーズをかけても。

＊ピクルス（P.67参照）を添えても。

2

5

パンの種類
・食パン
具
・サンチュ
・貝割れ菜
・牛焼き肉
・コチュジャンバター

牛薄切り肉で

焼き肉サンド

甘辛いたれをからめて
薄切り肉をさっぱり香ばしく。
貝割れ菜やサンチュを多めにのせて、
バランスよくヘルシーに。

材料（2人分）

食パン（8枚切り）… 4枚
牛薄切り肉 … 150g
ごま油 … 小さじ1
A しょうゆ … 大さじ½
　みりん … 小さじ1
　白すりごま … 小さじ1
　おろしにんにく … 少々
B バター（室温に戻したもの）… 小さじ2
　コチュジャン … 小さじ½
貝割れ菜 … 30g
サンチュ … 4枚

作り方

1 フライパンにごま油を入れて中火で熱し、牛肉を炒める。肉の色が変わったら、Aを混ぜて加え、牛肉にからめる。バットに取り出して粗熱を取る。

2 Bを混ぜて、パンの片面に塗る。パン2枚に1、貝割れ菜、サンチュを順にのせて残りのパンではさむ。

＊切る場合はラップで包み、ラップごと切るとよい。

牛薄切り肉で

メキシカンサンド

気軽に使える牛薄切り肉をシンプルにソテー。ワカモーレとトマトマリネでさっぱりさせ、ピタパンで食べやすくはさみます。

材料（2人分）

ピタパン（市販）… 2枚
牛薄切り肉 … 150g
にんにくの薄切り … ½片分
オリーブ油 … 小さじ1
塩 … 小さじ⅓
こしょう … 少々

ワカモーレ

アボカド … 1個
A ライムの搾り汁 … 小さじ1
　おろしにんにく … 少々
　塩 … 少々
　タバスコ … 少々

トマトマリネ

トマト … 小1個
B 香菜の茎のみじん切り … 小さじ1
　紫玉ねぎのみじん切り … 小さじ1
　塩 … 少さじ½
オリーブ油 … 大さじ1

作り方

1. ワカモーレを作る。アボカドは1㎝角に切る。ボウルにAを入れて混ぜ、アボカドを加えてあえる。
2. トマトマリネを作る。トマトは1㎝厚さの輪切りにして種を除き、角切りにする。ボウルにBを入れて混ぜ、トマト、オリーブ油を加えてあえる。
3. フライパンにオリーブ油とにんにくを入れて中火にかけ、香りが立ったら牛肉を入れて焼く。肉の色が変わったら塩、こしょうで調味し、バットに取り出して粗熱を取る。
4. ピタパンを半分に切ってポケット状に開き、1、2、3を詰める。好みで香菜のざく切りをはさんでも。

＊ピタパンはP.57のレシピで作ったものでもおいしい。

1

肉にからめるたれは甘みと辛み、酸味がバランスよし。サニーレタスを何層も重ねてシャクシャクな食感に。

豚とんかつ用肉で

ハニーマスタードポークサンド

材料（2人分）

食パン（6枚切り）… 4枚
豚肩ロースとんかつ用肉
　… 大2枚（250g）
塩 … 小さじ½
こしょう … 少々
サニーレタス … 4枚
オリーブ油 … 小さじ½
A 粒マスタード … 大さじ½
　はちみつ … 大さじ½
　しょうゆ … 大さじ½
　白ワイン … 大さじ½
B バター（室温に戻したもの）… 大さじ1
　粒マスタード … 小さじ1

作り方

1 サニーレタスは氷水につけてシャキッとさせ、ペーパータオルで水けを拭き、食べやすくちぎる。豚肉は筋切りし、塩、こしょうをふる。

2 フライパンにオリーブ油を入れて中火で熱し、1の豚肉を入れて両面をこんがりと焼き、Aを加えてからめる。バットに取り出して粗熱を取り、1cm幅に切る。

3 Bを混ぜて、パンの片面に塗る。パン2枚に2を少しずつ重ねてのせ、サニーレタスをのせて残りのパンではさむ。

*切る場合はラップで包んで軽く重しをし、冷蔵室に約15分おいて具を落ち着かせてから、ラップごと切るとよい。
*豚肉を横長に置いて縦に切ると、写真のような断面になる。

豚肉の旨味とりんごのさわやかな甘みが、相性抜群のさわやかなサンド。ルッコラはせん切りキャベツに代えても◯。

豚とんかつ用肉で

りんごソテーポークサンド

材料（2人分）

食パン（6枚切り）… 4枚
豚肩ロースとんかつ用肉
　… 大2枚（250g）
塩 … 小さじ⅓
こしょう … 少々
りんご … ½個
オリーブ油 … 少々
バター … 小さじ1
A しょうゆ … 小さじ1
　バルサミコ酢 … 小さじ1
　メープルシロップ … 小さじ1
B バター（室温に戻したもの）… 大さじ1
　マスタード … 小さじ1
ルッコラ … 適量

4

作り方

1 りんごは皮つきのまま、1.5cm角に切る。豚肉は筋切りし、塩、こしょうをふる。

2 フライパンにオリーブ油を入れて中火で熱し、豚肉を入れてこんがりと焼いたら裏返し、フライパンの端に寄せる。

3 フライパンの空いたところにりんごとバターを入れてりんごをさっと炒め、ふたをして約1分蒸し焼きにする。Aを全体に回しかけてからめる。取り出して粗熱を取り、豚肉は1cm幅に切る。

4 パンはトースターで焼き、Bを混ぜてパンの片面に塗る。パン2枚に豚肉を少しずつ重ねてのせ、りんごとルッコラをのせて残りのパンではさむ。

*切る場合はラップで包んで軽く重しをし、冷蔵室に約15分おいて具を落ち着かせてから、ラップごと切るとよい。
*豚肉を横長に置いて縦に切ると、写真のような断面になる。

パンの種類

・食パン

具

・サニーレタス
・ハニーマスタードポーク

パンの種類

・食パン

具

・ルッコラ
・りんごのソテー
・豚肉のソテー

パンの種類

・食パン

具

・クレソン
・タンドリーチキン

マリネ液のヨーグルトや玉ねぎの効果で、
鶏肉がしっとりやわらかに。
味がしっかりつくので野菜もたっぷり入れて。
クレソンの代わりにルッコラやレタスでも◎。

鶏もも肉で

タンドリーチキンサンド

材料（2人分）

食パン（6枚切り）… 4枚
鶏もも肉 … 大1枚（300g）
塩 … 小さじ⅔
こしょう … 少々
カレーヨーグルトマリネ液
　プレーンヨーグルト … 60g
　玉ねぎのすりおろし … ¼個分
　おろししょうが … 1かけ分
　おろしにんにく… ½片分
　レモン汁 … 大さじ½
　カレー粉 … 小さじ2
　塩 … 小さじ½
　粉唐辛子 … 少々
バター（室温に戻したもの）… 大さじ1
クレソン … 30g
油 … 少々

作り方

1. 鶏肉は塩、こしょうをもみ込み、約5分おいてペーパータオルで水けを拭く。カレーヨーグルトマリネ液の材料を混ぜてバットに入れ、鶏肉を入れて表面にぴったりとラップをかけ、冷蔵室に一晩おく。
2. フライパンに油を中火で熱し、1の汁けを軽くぬぐって入れる。時々上下を返しながらこんがりと焼き、火を通す（または190℃に予熱したオーブンで約20分焼く）。取り出して粗熱を取り、1.5cm幅に切る。
3. バターをパンの片面に塗る。パン2枚に2を少しずつ重ねてのせ、クレソンをのせて残りのパンではさむ。

＊切る場合はラップで包んで軽く重しをし、冷蔵室に約15分おいて具を落ち着かせてから、ラップごと切るとよい。
＊鶏肉を横長に置いて縦に切ると、写真のような断面になる。
＊使い終わったカレーヨーグルトマリネ液は切り身魚や牛肉を漬け、焼いてもおいしい。

1

パンの種類

・山形食パン

具

・レタス
・トマト
・タプナードチキン

肉にタプナードを塗って蒸し焼きにし、
塩けとコクを移します。
タプナードのオリーブは、歯ごたえが残る
粗みじん切りにすると、手軽に作れて
サンドイッチのアクセントにも。
このペーストは、白身魚にもよく合うので、
覚えておくと便利です。

鶏もも肉で

タプナードチキンサンド

材料（2人分）

山形食パン（6枚切り）… 4枚
鶏もも肉 … 大1枚（300g）
塩 … 小さじ½
こしょう … 少々
オリーブ油 … 小さじ1
タプナード
黒オリーブ（種抜き）の粗みじん切り … 5個分
アンチョビーフィレのみじん切り … 1½枚分（5g）
オリーブ油 … 小さじ½
レモン汁 … 小さじ½
おろしにんにく … 少々
バター（室温に戻したもの）… 大さじ1
トマト … 1個
レタス … 4〜5枚

作り方

1 鶏肉は全体に塩、こしょうをふる。トマトは7㎜厚さの輪切りにし、種を除く。レタスは氷水につけてパリッとさせ、ペーパータオルで水けを拭き、食べやすくちぎる。タプナードの材料をボウルに入れて混ぜる。

2 フライパンにオリーブ油を入れて中火で熱し、鶏肉を皮目を下にして焼く。皮目がこんがりしてきたら上下を返してタプナードを塗り、ふたをして弱火で約2分蒸し焼きにする。バットに取り出して粗熱を取り、2㎝幅に切る。

3 パンはトースターで焼き、片面にバターを塗る。パン2枚に2を少しずつ重ねてのせ、トマト、レタスをのせて残りのパンではさむ。

＊切る場合はラップで包んで軽く重しをし、冷蔵室に約15分おいて具を落ち着かせてから、ラップごと切るとよい。
＊鶏肉を縦長に置いて横に切ると、写真のような断面になる。

1

VARIATIONS OF SANDWICHES WITH

ROAST PORK

ローストポークでアレンジサンド

ローストポーク

お肉の作りおきがあると、
手軽に食べごたえのあるサンドイッチが作れます。
ローストポークをしっとり仕上げるコツは、
白ワインをふって水分を入れながら
低温のオーブンでじっくり焼くこと。
余熱で中までじんわりと火を通したら完成です。

材料（2人分）

豚肩ロースかたまり肉
（室温に戻したもの）… 450g
塩 … 小さじ1弱
こしょう … 少々
にんにくの薄切り … 1片分
白ワイン … 大さじ3

作り方

1 豚肉は塩、こしょうをもみ込み（好みのハーブを加えてもよい）、オーブン用ペーパーをしいた天板に入れてにんにくをのせ、白ワインをふる。

2 オーブンを140℃に予熱する。1を天板ごとのせ、40〜50分焼く。豚肉を取り出してアルミホイルで包み、オーブンの庫内に入れて冷めるまでおき、余熱で火を通す。

＊保存容器に入れ、冷蔵で約4日保存可能。

1
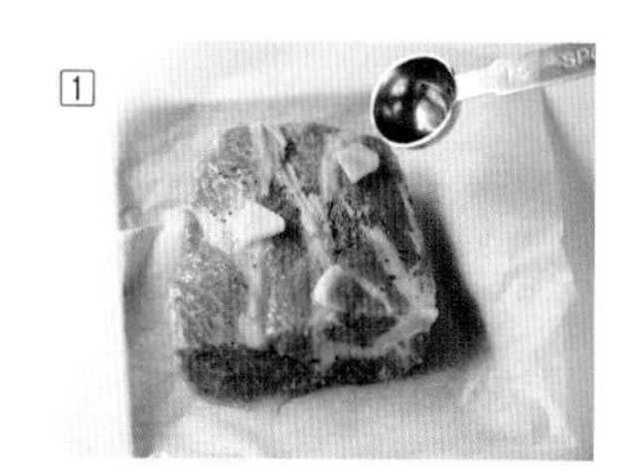

パンの種類
・食パン

具
・長ねぎ
・香菜
・味噌だれ
・ローストポーク
・きゅうり

VARIATION 1
チャイニーズローストポークサンド

甘い味噌だれが余韻を残しつつ、
シャキシャキきゅうりであと味さっぱり。
マントウを思わせるふんわりパンを使って。

材料（2人分）

食パン（6枚切り）… 4枚
ローストポーク（P.88参照）… 150g
味噌だれ
オイスターソース … 大さじ¼
赤味噌 … 小さじ½
きび砂糖 … 小さじ½
五香粉 … 小さじ¼
水 … 大さじ1
きゅうり … 1本
A バター（室温に戻したもの）… 小さじ2
練りがらし … 小さじ½
香菜のざく切り … 適量
長ねぎのみじん切り … 少々

＊五香粉は中国のスパイス。少量使うと独特の風味がつく。中華食材店で手に入る。

作り方

1. 味噌だれを作る。味噌だれの材料を耐熱ボウルに入れてラップをかけ、電子レンジで約30秒加熱し、混ぜる。
2. きゅうりは3㎜厚さの斜め切りにする。ローストポークは5㎜厚さに切る。
3. Aを混ぜ、パンの片面に塗る。パン2枚にきゅうりを少しずつ重ねてのせ、その上にローストポークも少しずつ重ねてのせる。1をかけ、香菜と長ねぎを散らして残りのパンではさむ。

＊切る場合はラップで包み、ラップごと切るとよい。
＊きゅうりと豚肉を縦長に置いて横に切ると、写真のような断面になる。

(パンの種類)
・バゲット
(具)
・セミローストトマト
・ローストポーク

VARIATION 2 ローストポークのカスクルート

ローストトマトのコクと酸味が、
シンプルな味わいのローストポークと調和。
苦味のある葉野菜を加えてもおいしい。

材料（2人分）

バゲット … 40cm
ローストポーク（P.88参照）… 160g
A しょうゆ … 小さじ2
　バルサミコ酢 … 小さじ2
セミローストトマト（P.66参照）
　… 8切れ
B バター（室温に戻したもの）… 大さじ2
　粒マスタード … 小さじ2

作り方

1. ローストポークは薄いそぎ切りにする。ボウルに入れ、Aを加えてあえる。
2. バゲットは長さを半分に切り、側面から包丁を入れて厚みを半分に切る。Bを混ぜてバゲットの切り口に塗り、1とトマトをのせてはさむ。

＊セミローストトマトは、生のミニトマトに代えてもおいしい。

VARIATION 3

ローストポークの ツナアンチョビーソースサンド

ピエモンテ料理の定番ソースを
ローストポークでアレンジ。
ツナの豊かな旨味が肉を際立たせます。

材料（2人分）

食パン（6枚切り）… 4枚
ローストポーク（P.88参照）… 150g
ツナアンチョビーソース
- ツナ缶 … 小1缶（70g）
- アンチョビーフィレ … 1枚
- マヨネーズ … 大さじ2
- あればケッパー … 小さじ1

玉ねぎの薄切り … 1/6個分（30g）
レタス … 4〜5枚
バター（室温に戻したもの）… 大さじ1/2

作り方

1. レタスは氷水につけてパリッとさせ、ペーパータオルで水けを拭き、食べやすくちぎる。ローストポークは薄切りにする。
2. ツナアンチョビーソースを作る。ツナは缶汁をきる。深さのあるボウルに入れ、他の材料を加えてハンドミキサーでなめらかになるまで攪拌する（またはアンチョビーをみじん切りにし、泡立て器で混ぜ合わせる）。
3. パン2枚の片面にバターを塗る。玉ねぎ、レタス、ローストポークをのせ、残りのパンの片面に2を塗ってはさむ。

＊切る場合はラップで包み、ラップごと切るとよい。

VARIATIONS OF SANDWICHES WITH
SALAD-CHICKEN

サラダチキンでアレンジサンド

サラダチキン

和・洋・中華風とさまざまなアレンジがきくサラダチキン。
電子レンジを活用すれば、肉の旨味が
ぎゅっと閉じ込められ、気軽に作れます。
加熱時間は電子レンジの機種や肉の厚みによって
変わるので、様子を見ながら加減してください。

材料（2人分）

鶏むね肉（室温に戻したもの）
…1枚（250g）
A 塩…小さじ½強
白ワイン（または酒）…大さじ1
水…大さじ1

作り方

1. 鶏肉は、厚みがある部分に包丁を入れて開き、厚みを均一にする。味がしみ込みやすいようフォークで全体を刺す。
2. 耐熱皿にAを入れて混ぜる。鶏肉を入れて5分以上おく。
3. ふんわりとラップをかけ、電子レンジで約2分30秒加熱する。一度取り出し鶏肉の上下を返し、さらに約30秒加熱する。そのまま冷めるまでおき、余熱で火を通す。

＊汁ごと保存容器に入れ、冷蔵で約4日保存可能。

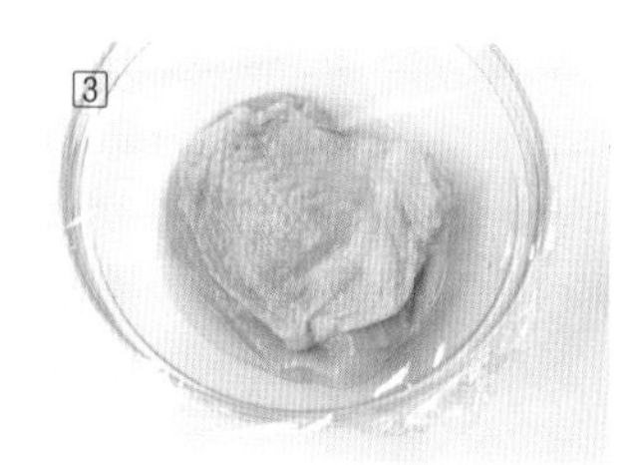

パンの種類
・食パン

具
・香菜
・バンバンジー
・白髪ねぎ
・きゅうり

VARIATION 1 バンバンジーサンド

こっくり味のたれは肉によくからみ、しっとり感もプラス。香味野菜がさわやかな後味を誘って。

材料（2人分）

食パン（6枚切り）… 4枚
サラダチキン（P.92参照）… 180g
バンバンジーだれ
- 白練りごま … 大さじ3
- しょうゆ … 小さじ1⅓
- ごま油 … 小さじ1⅓
- 酢 … 小さじ1⅓
- 豆板醤 … 小さじ1⅓
- 砂糖 … 小さじ⅔
- あればおろししょうが … 少々

きゅうり … 1本
長ねぎの白い部分 … 10㎝
香菜のざく切り … 適量
マヨネーズ … 大さじ1

作り方

1. 長ねぎは長さを半分に切って芯を除き、せん切りにして水にさらし、ペーパータオルで水けを拭いて白髪ねぎにする。きゅうりは3㎜厚さの斜め切りにする。サラダチキンは食べやすく裂く。
2. バンバンジーだれを作る。材料をボウルに入れて、なめらかになるまで混ぜる。1のサラダチキンを入れてあえる。
3. パン2枚の片面にマヨネーズを塗り、きゅうりを少しずつ重ねてのせる。白髪ねぎ、2、香菜をのせて残りのパンではさむ。

＊切る場合はラップで包み、ラップごと切るとよい。
＊きゅうりを横長に置いて縦に切ると、写真のような断面になる。

パンの種類
・食パン
具
・サラダチキン、ごぼうをゆずこしょうマヨネーズであえたもの
・ラディッシュ

VARIATION 2 チキンとごぼうのゆずマヨサンド

ごぼうの歯ごたえとゆずこしょうのピリ辛感がたまらない和風サンド。ラディッシュはレタスや三つ葉、貝割れ菜でも。

材料（2人分）

食パン（6枚切り）… 4枚
サラダチキン（P.92参照）… 180g
ごぼうのせん切り … 50g
塩 … 少々
A マヨネーズ … 大さじ2½
　ゆずこしょう … 小さじ½
ラディッシュの輪切り … 5〜6個分
マヨネーズ … 小さじ2

作り方

1 鍋に湯を沸かして塩を入れ、ごぼうをさっとゆで、ざるにあけて湯をきる。

2 ボウルにAを入れて混ぜ、サラダチキンを食べやすく裂いて加え、1も加えてあえる。

3 パン2枚に2、ラディッシュをのせる。残りのパンの片面にマヨネーズを塗ってはさむ。

パンの種類
- 食パン

具
- レタス
- トマト
- サラダチキン、セロリ、香菜をカレーマヨネーズであえたもの

VARIATION 3
チキンとセロリのカレーマヨサンド

セロリの香りとレタスのシャクシャク食感が印象的な味わいに。カレーマヨネーズとトマトとのコントラストも楽しい。

材料（2人分）

食パン（6枚切り）… 4枚
サラダチキン（P.92参照）… 160g
セロリの横薄切り … ½本分
あれば香菜の粗みじん切り … 適量
A マヨネーズ … 大さじ3
　カレー粉 … 小さじ1
　レモン汁 … 小さじ1
　塩、こしょう … 各少々
レタス … 4枚
トマト … 小1個
マヨネーズ … 小さじ2

作り方

1. レタスは氷水につけてパリッとさせ、ペーパータオルで水けを拭き、食べやすくちぎる。トマトは7㎜厚さの輪切りにし、種を除く。サラダチキンは食べやすく裂く。
2. ボウルにAを入れて混ぜ、サラダチキン、セロリ、香菜を加えてあえる。
3. パンはトースターで焼き、パン2枚に2、トマト、レタスを順にのせる。残りのパンの片面にマヨネーズを塗ってはさむ。

＊切る場合はラップで包み、ラップごと切るとよい。

魚介サンド

パンの種類
・バゲット

具
・ヨーグルトソース
・塩鯖のソテー
・紫玉ねぎ
・セロリ

塩鯖のヨーグルトソースサンド

トルコ発祥のサンドイッチを参考に。
香味野菜とヨーグルトソースが
鯖の旨味を引き立ててくれます。

材料（2人分）

バゲット … 40cm
塩鯖の半身 … 大1枚（200g）
オリーブ油 … 少々
白ワイン … 大さじ1
セロリの横薄切り … ½本分
紫玉ねぎの薄切り … ¼個分
A マヨネーズ … 大さじ1½
　マスタード … 小さじ1½

ヨーグルトソース
水切りヨーグルト … 50mℓ
レモン汁 … 大さじ½
おろしにんにく … ¼片分
ミントの葉のみじん切り … 小さじ1
塩、こしょう … 各少々

＊水切りヨーグルトは、ざるにペーパータオルをしき、プレーンヨーグルト100mℓを入れて約30分水切りしたもの。または市販のギリシャヨーグルトを使っても。

作り方

1 鯖は長さを半分に切る。フライパンにオリーブ油を入れて中火で熱し、皮目を下にして約3分焼く。裏返して白ワインを加え、ふたをして弱火で約2分蒸し焼きにする。バットに取り出して半分に切り、目立つ骨は除く。

2 ヨーグルトソースの材料をボウルに入れ、なめらかになるまで混ぜる。

3 バゲットの長さを半分に切り、側面から包丁を入れて厚みを半分に切る。Aを混ぜて切り口に塗り、セロリ、紫玉ねぎ、1を順にのせて、2をかけてはさむ。好みでレモンを添え、食べるときに搾っても。

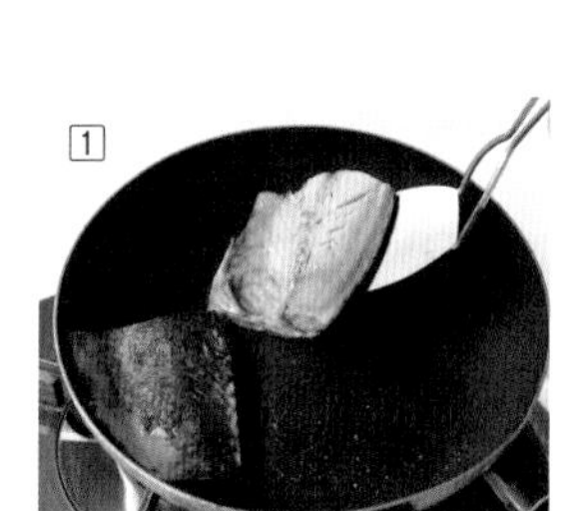

1

パンの種類
- 山形食パン

具
- わさびタルタルソース
- 貝割れ菜
- 鮭のソテー

鮭とわさびタルタルのサンド

手に入りやすい、鮭の切り身のボリュームサンド。ソースのタルタルは、練りわさびと玉ねぎでピリッとさせ、さっぱりといただきます。

材料（2人分）

山形食パン（6枚切り）… 4枚
生鮭の切り身 … 2切れ（200g）
塩 … 小さじ1/3
こしょう … 少々
オリーブ油 … 小さじ1
貝割れ菜 … 20g
バター（室温に戻したもの）… 大さじ1/2

わさびタルタルソース
- ゆで卵の粗みじん切り … 1個分
- 玉ねぎのみじん切り … 30g
- マヨネーズ … 大さじ2
- 練りわさび … 小さじ1/2

作り方

1. 生鮭は塩、こしょうをふり、2～3分おいて、ペーパータオルで水けを拭く。わさびタルタルソースの玉ねぎは水にさらし、水けを絞ってペーパータオルで拭く。
2. フライパンにオリーブ油を入れて中火で熱し、1の鮭を入れ、両面をこんがり焼く。バットに取り出し、粗熱を取り、目立つ骨は除く。
3. わさびタルタルソースの材料をボウルに入れて混ぜる。
4. パンをトースターで焼き、パン2枚の片面にバターを塗る。2、貝割れ菜、3を順にのせ、残りのパンではさむ。

*切る場合はラップで包んで軽く重しをし、冷蔵室に約15分おいて具を落ち着かせてから、ラップごと切るとよい。

かじきとトマトサルサのサンド

パンの種類
・バゲット

具
・トマトサルサ
・かじきのソテー

淡泊なかじきを、ほどよい辛みのある
フレッシュなトマトサルサと組み合わせて。
ソースがしみたバゲットもいい感じ。

材料（2人分）

バゲット … 40㎝
かじきの切り身 … 2切れ（200g）
塩 … 小さじ⅓
こしょう … 少々
好みのハーブのみじん切り（タイムやオレガノなど）
　… 適量
にんにくのみじん切り … ½片分
オリーブ油 … 少々
バター（室温に戻したもの）… 大さじ½

トマトサルサ
トマトの1㎝角切り … 1個分（120g）
ししとうがらしの小口切り … 3本分
紫玉ねぎのみじん切り … ¼個分（60g）
にんにくのみじん切り … ¼片分
タバスコ … 5〜6滴
オリーブ油 … 小さじ1
塩 … 少々
あれば香菜のみじん切り … 小さじ1

作り方

1 かじきに塩、こしょう、ハーブをふり、なじませる。フライパンにオリーブ油とにんにくを入れて中火で熱し、香りが立ったら、かじきを加えて両面をこんがり焼く。バットに取り出し、粗熱を取り、半分に切る。

2 トマトサルサを作る。フライパンにオリーブ油とにんにくを入れて中火で熱し、香りが立ったらししとうを軽く炒め、トマトを加えてさっと炒め煮にし、耐熱ボウルに移す。紫玉ねぎとタバスコ、香菜を加えて混ぜ、塩で調味する。

3 バゲットの長さを半分に切り、側面から包丁を入れて厚みを半分に切る。切り口にバターを塗り、1、2をのせてはさむ。

パンの種類
・食パン
具
・ゆでえび、マンゴー、アボカドを豆板醤マヨネーズであえたもの

えびとマンゴーのサンド

マンゴーに、豆板醤やナンプラーを合わせて。スイートチリソースのような甘くてピリリとした味わいがえびにマッチ。色もかわいいサンドです。

材料（2人分）

食パン（8枚切り）… 4枚
むきえび … 100g
塩 … 少々
カットマンゴー … 80g
アボカド … ½個（60g）
あれば香菜のざく切り … 少々
A マヨネーズ … 大さじ2
豆板醤 … 小さじ1½
ナンプラー … 小さじ1
おろしにんにく … 少々

作り方

1 えびは背に包丁で切り目を入れて背わたを除き、塩を加えた熱湯でさっとゆでる。ざるに取り出して湯をきり、粗熱を取って2cm角に切る。

2 アボカドとマンゴーは2cm角に切る。

3 ボウルにAを入れてよく混ぜ、1、2、香菜を加えてあえる。

4 パン2枚に3をのせて、残りのパンではさむ。

＊切る場合はラップで包んで軽く重しをし、冷蔵室に約15分おいて具を落ち着かせてから、ラップごと切るとよい。

ニューオリンズの名物「PO-BOY」をアレンジ。カリッとスパイシーな小えびのフライにガーリック風味のマヨネーズがマッチ。

パンの種類
・バゲット

具
・小えびのフライ
・トマト
・レタス
・ガーリックマヨネーズ

えびのポーボーイ

材料（2人分）

バゲット … 40㎝
むきえび … 120g
A 白ワイン … 大さじ1
　カレー粉 … 小さじ1/3
　塩 … 小さじ1/3〜1/2
　おろしにんにく … 少々
　あればクミンパウダー、チリパウダー、オレガノパウダーなど … 合わせて小さじ1/3
強力粉 … 大さじ3強
レタス … 2〜3枚
トマト … 1/2個
B マヨネーズ … 大さじ3〜4
　おろしにんにく … 少々
揚げ油 … 適量

作り方

1. えびは背に包丁で切り目を入れて背わたを除く。ボウルにAとえびを入れて混ぜ、強力粉をしっかりまぶす。フライパンに揚げ油を1㎝深さに入れて中火で熱し、えびを入れてカラリとするまで揚げ焼きにする。取り出して油をきる。
2. レタスは氷水につけてパリッとさせ、ペーパータオルで水けを拭き、食べやすくちぎる。トマトは7㎜厚さの半月切りにし、種を除く。
3. バゲットの長さを半分に切り、側面から包丁を入れて厚みを半分に切る。Bを混ぜて切り口に塗り、レタス、トマト、1を順にのせてはさむ。好みでチリパウダーをふっても。

PART 6

締めにうれしい

スイーツサンド

SWEET SANDWICHES

果物と、生クリームやペーストなどを合わせたサンドは、
程よい甘さでデザートやおやつにぴったり。
パンは主張しすぎない、やわらかな食パンがベスト。
スイートな味わいとふんわりした食感は、幸せな気分にしてくれます。
他のサンドと一緒に持っていき、みんなで分けて食べても。

パンの種類

・食パン

具

・いちご
・サワークリーム入り生クリーム

生クリームにサワークリームを
加えることでしっかりかためのクリームに。
いちごもクリームもたっぷりなのが
私の定番です。

いちごのクリームサンド

材料（2人分）

食パン（8枚切り）… 4枚
いちご … 12個
サワークリーム … 50g
生クリーム … 150mℓ
砂糖 … 大さじ1
はちみつ … 大さじ1

作り方

1 ボウルにサワークリーム、生クリーム、砂糖を入れ、泡立て器で八分立て（すくったときにやわらかくツノが立つくらいが目安）にする。はちみつを加えてさらに混ぜ、九分立て（すくったときにツノがしっかり立つくらいが目安）にする。

2 いちご6個は縦半分に切る。

3 パン2枚の片面に1を¼量ずつ塗り、縦中央に切っていないいちごを3個ずつのせる。左右の空いたところに2のいちごをのせ、残りの1をいちごが隠れるようにのせて残りのパンではさむ。

＊サワークリームがなければ、生クリームを200mℓにし、同様に作っても。
＊切る場合はラップで包み、冷蔵室に約30分おいてクリームを落ち着かせてから、ラップごと切るとよい。
＊切っていないいちごを縦に切ると、写真のような断面になる。
＊お弁当にして持っていくときは保冷剤を入れるとよい。

バナナのチョコクリームサンド

鉄板の組み合わせ。
ねっとりとしたバナナの甘さを生かして
チョコソースは控えめにし、
クリームにラムをきかせた大人テイスト。

パンの種類
- 食パン

具
- チョコレートソース
- バナナ
- ラムホイップクリーム

材料（2人分）

食パン（8枚切り）… 4枚
バナナ … 小6本
チョコレートソース
- 板チョコレート（ビター）… 15g
- 牛乳 … 小さじ2

ラムホイップクリーム
- 生クリーム … 150mℓ
- 砂糖 … 大さじ1
- ラム酒 … 大さじ½

作り方

1 チョコレートソースを作る。板チョコレートはみじん切りにし、牛乳小さじ1とともに耐熱ボウルに入れる。電子レンジで約20秒加熱して取り出し、混ぜてチョコレートが溶けたら、残りの牛乳を加えてさらに混ぜる。

2 ラムホイップクリームを作る。ボウルに生クリーム、砂糖を入れ、泡立て器で九分立て（すくったときにツノがしっかり立つくらいが目安）にし、ラム酒を加えてさっと混ぜる。

3 食パン2枚の片面に2を¼量ずつ塗り、3列になるようバナナを3本ずつのせる。残りの2をバナナが隠れるようにのせ、1をかけてスプーンで軽くなじませ、残りのパンではさむ。

＊切る場合はラップで包み、冷蔵室に約30分おいてクリームを落ち着かせてから、ラップごと切るとよい。
＊バナナを横長に置いて縦に切ると、写真のような断面になる。
＊お弁当にして持っていくときは保冷剤を入れるとよい。

材料（2人分）

バゲット … 40cm
バター（無塩、室温に戻したもの）… 40g
練乳 … 30g
レモン汁 … 小さじ1
レモン（国産）の皮のすりおろし … 少々

作り方

1. バターはボウルに入れ、ゴムべらでクリーム状に練る。練乳、レモン汁、レモンの皮を加えてよく混ぜる。
2. バゲットは長さを半分に切り、側面から包丁を入れて厚みを半分に切る。片方の切り口に1を塗り、好みでさらにレモンの皮を散らしてはさむ。

レモン練乳バターサンド

濃厚なミルククリームが特徴のミルクフランスをさわやかに。ふわっとレモンが香り立つバゲットサンドです。

パンの種類
・バゲット
具
・レモン練乳バタークリーム

ピーチメルバのサンド

パンの種類
・食パン

具
・ラズベリー
・桃
・ヨーグルトクリーム

桃の濃密な甘さに、ラズベリーの酸味を加えた「ピーチメルバ」をサンドイッチに。クリームはヨーグルトを加えた軽やか仕立て。

材料（2人分）

食パン（10枚切り）… 4枚
桃 … 小1個
レモン汁 … 少々
冷凍ラズベリー … 5〜6粒
ヨーグルトクリーム
生クリーム … 100mℓ
水切りヨーグルト … 30mℓ
はちみつ … 小さじ1
砂糖 … 大さじ1

＊水切りヨーグルトは、ざるにペーパータオルをしき、プレーンヨーグルト60mℓを入れて、約30分水切りしたもの。または市販のギリシャヨーグルトを使っても。

作り方

1 ヨーグルトクリームを作る。ボウルに生クリーム、砂糖を入れ、泡立て器で八分立て（すくったときにやわらかくツノが立つくらいが目安）にする。

2 別のボウルにヨーグルトとはちみつを入れて混ぜ、1を加えてしっかり混ぜる。

3 桃は6等分のくし形に切って、レモン汁をかける。

4 パン2枚の片面に2を¼量ずつ塗り、桃を半量ずつのせる。あいたところにラズベリーを散らし、残りの2をフルーツが隠れるようにのせ、残りのパンではさむ。

＊切る場合はラップで包み、冷蔵室に約30分おいてクリームを落ち着かせてから、ラップごと切るとよい。
＊お弁当にして持っていくときは保冷剤を入れるとよい。

パンの種類
・全粒粉食パン

具
・ピーナッツバター
・ラズベリージャム

ラズベリー＆ピーナッツバターサンド

アメリカではグレープジャムが定番のコンビ。ピーナッツバターの塩けとラズベリーの甘酸っぱさがあとを引くおいしさです。

材料（2人分）

全粒粉食パン（8枚切り）… 4枚
ラズベリージャム（市販）… 60g
ピーナッツバター（あればチャンクタイプ）… 60g

作り方

パン2枚の片面にラズベリージャム、残りのパンの片面にピーナッツバターを塗ってはさむ。

とろけるようないちじくと、
ミルキーなマスカルポーネ。好相性のふたつに、
はちみつのやさしい甘さがぴったり。

いちじくの マスカルポーネクリーム サンド

パンの種類
・食パン

具
・いちじく
・マスカルポーネ
　クリーム

材料（2人分）

食パン（8枚切り）… 4枚
いちじく … 2個
マスカルポーネクリーム
- 生クリーム … 100mℓ
- マスカルポーネチーズ … 50g
- 砂糖 … 大さじ1½
- はちみつ … 大さじ1

作り方

1. マスカルポーネクリームを作る。ボウルに生クリーム、マスカルポーネチーズ、砂糖を入れ、泡立て器で九分立て（すくったときにツノがしっかり立つくらいが目安）にする。はちみつを加えてさっと混ぜる。
2. いちじくは縦半分に切る。
3. パン2枚の片面に1を¼量ずつ塗り、縦中央にいちじくを2切れずつのせる。残りの1をいちじくが隠れるようにのせて残りのパンではさむ。

＊切る場合はラップで包み、冷蔵室に約30分おいてクリームを落ち着かせてから、ラップごと切るとよい。
＊いちじくを縦に並べて縦に切ると、写真のような断面になる。
＊お弁当にして持っていくときは保冷剤を入れるとよい。

キウイとチーズクリームのサンド

レアチーズケーキを思い浮かべて
生まれたサンド。ほろ苦いマーマレードが
味にも見た目にも深みを与えます。

材料（2人分）

食パン（10枚切り）… 4枚
キウイ … 2個
チーズクリーム
- クリームチーズ … 70g
- 生クリーム … 100mℓ
- 砂糖 … 大さじ1

マーマレードジャム（市販）… 大さじ2

作り方

1. チーズクリームを作る。クリームチーズを耐熱容器に入れ、電子レンジで約20秒加熱し、やわらかくする。ボウルに生クリームと砂糖を入れて、泡立て器で八分立て（すくったときにやわらかくツノが立つくらいが目安）にし、クリームチーズを加えてさっと混ぜ、ぴんとツノが立つ状態にする。
2. キウイは5㎜厚さの半月切りにする。
3. パン2枚の片面にマーマレードを塗り、1を¼量ずつ塗る。キウイを縦中央に少しずつ重ねてのせ、残ったキウイはまわりに散らす。残りの1をキウイが隠れるようにのせて残りのパンではさむ。

＊切る場合はラップで包み、冷蔵室に約30分おいてクリームを落ち着かせてから、ラップごと切るとよい。
＊キウイを重ねながら縦に並べて縦に切ると、写真のような断面になる。
＊お弁当にして持っていくときは保冷剤を入れるとよい。

パンの種類
・食パン

具
・キウイ
・チーズクリーム
・マーマレードジャム

マロン&コーヒークリームのレーズンサンド

コーヒーとラムレーズンが、
マロンクリームの甘みと調和。
大人な味わいのサンドイッチに。

材料（2人分）

レーズンパン（8枚切り）… 4枚

コーヒークリーム

- 生クリーム … 200mℓ
- 砂糖 … 大さじ1
- インスタントコーヒー … 小さじ½
- 湯 … 小さじ1

マロンクリーム（市販）… 大さじ3

ラムレーズン（市販）… 大さじ2

＊ラムレーズンは、小さめの耐熱容器にレーズン大さじ2とラム酒大さじ½を入れてふんわりとラップをかけ、電子レンジで約10秒加熱したものを使っても。

作り方

1. コーヒークリームを作る。インスタントコーヒーを分量の湯で溶かし、冷ます。
2. ボウルに生クリームと砂糖を入れて、泡立て器で九分立て（すくったときにツノがしっかり立つくらいが目安）にする。1を加えてさっと混ぜる。
3. パン2枚の片面に2を塗り、ラムレーズンを散らす。残りのパンの片面にマロンクリームを塗ってはさむ。

＊切る場合はラップで包み、冷蔵室に約30分おいてクリームを落ち着かせてから、ラップごと切るとよい。
＊お弁当にして持っていくときは保冷剤を入れるとよい。

パンの種類
・レーズンパン

具
・マロンクリーム
・ラムレーズン
・コーヒークリーム

パンの種類
・食パン
具
・いちご
・粒あん
・バター

いちごと粒あんのバターサンド

あんバターサンドに、
甘酸っぱいいちごをプラス。
バターは、それぞれの風味が生きる
無塩にし、こってりと。

材料（2人分）

食パン（8〜10枚切り）… 4枚
バター（無塩、室温に戻したもの）… 大さじ2
いちご … 6個
粒あん（市販）… 大さじ3

作り方

パンの片面にバターを塗り、パン2枚に粒あんを¼量ずつ塗る。いちごを3個ずつ縦中央に並べてのせ、残りのあんをいちごが隠れるようにのせて残りのパンではさむ。

*切る場合はラップで包み、冷蔵室に約15分おいてあんを落ち着かせてから、ラップごと切るとよい。
*いちごを縦に並べて縦に切ると、写真のような断面になる。

若山曜子

料理研究家。東京外国語大学フランス語学科卒業後、パリへ留学。ル・コルドン・ブルーパリ、エコール・フェランディを経て、パティシエ、グラシエ、ショコラティエ、コンフィズールのフランス国家資格（C.A.P）を取得。パリのパティスリーやレストランで研鑽を積み、帰国。現在は自宅での料理教室のほか、書籍や雑誌、企業へのレシピ提供などで幅広く活躍。作りやすいレシピに定評がある。元保護猫だった愛猫の名前はモン。

HP　https://tavechao.com/

Instagram　@yoochanpetite

ブックデザイン　髙橋朱里、菅谷真理子（マルサンカク）

撮影　邑口京一郎

スタイリング　佐々木カナコ

調理アシスタント　尾崎史江、細井美波

校正　根津桂子、秋恵子

編集協力　髙井法子

撮影協力　UTUWA☎03-6447-0070

だいずデイズ　https://daizu-days.com/

お弁当サンド

2020年9月10日　初版発行

著者／若山 曜子

発行者／青柳 昌行

発行／株式会社KADOKAWA

〒102-8177　東京都千代田区富士見2-13-3

電話 0570-002-301（ナビダイヤル）

印刷所／図書印刷株式会社

●お問い合わせ

https://www.kadokawa.co.jp/（「お問い合わせ」へお進みください）

※内容によっては、お答えできない場合があります。

※サポートは日本国内のみとさせていただきます。

※Japanese text only

定価はカバーに表示してあります。

ISBN 978-4-04-896806-5 C0077